AF367927

LES

ARTISANS LES PLUS CÉLÈBRES

Gaberon del.
Lefevre Edit.
Monnin sc.

LES

ARTISANS

LES PLUS CÉLÈBRES,

Suite des Découvertes les plus utiles et les plus célèbres.

Par MAXIME DE MONT-ROND.

LILLE

L. LEFORT, IMPRIMEUR-LIBRAIRE.

1855

Le dépôt de cet ouvrage a été fait conformément à la loi.

Le droit de traduction est réservé par l'éditeur.

LES ARTISANS LES PLUS CÉLÈBRES

PREMIÈRE SOIRÉE.

Introduction. — De quelques saints artisans.

Les lecteurs des *Découvertes les plus utiles et les plus célèbres* [1] n'ont point oublié sans doute les nobles habitudes de M. de Kervenant, ce digne magistrat breton dont nous leur avons appris l'histoire. Ils savent que chaque année, quand l'automne le ramenait dans le vieux manoir de ses pères, il se complaisait à répandre ses bienfaits sur les habitants du village voisin, dont il était comme la providence vivante :

[1] 1 vol. in-12, *de la Bibliothèque instructive et édifiante.* Lille, Lefort.

donner de bons conseils, soulager la misère, faire régner autour de lui la paix et la félicité avec les bonnes mœurs, voilà le rôle honorable auquel cet homme de bien employait ses utiles loisirs.

On se souvient aussi que M. de Kervenant, joignant la science à la vertu, aimait à faire part de ses vastes connaissances à ces bons habitants des campagnes, ses voisins et ses amis. Il leur inculquait les éléments des sciences, sous des formes simples et faciles à percevoir. Chaque année amenait à traiter un nouveau sujet; car la tête du savant magistrat, disions-nous encore, était comme une encyclopédie. Nos villageois bretons apprenaient ainsi, presque en se jouant, une foule de choses utiles, qu'ils n'auraient pu découvrir péniblement qu'en perdant un temps précieux et en feuilletant bien des volumes. Aussi bénissaient-ils tous comme un père leur digne bienfaiteur; et quand sur la fin d'août, après la moisson, ils le voyaient revenir au milieu d'eux, y avait-il grande liesse au village et dans les fermes d'alentour.

Nous prions donc nos lecteurs de vouloir bien se transporter de nouveau avec nous sous la verte charmille où M. de Kervenant avait

coutume de rassembler chaque soir son petit
peuple d'auditeurs. Le voilà revenu au milieu
de ses bons amis les villageois, et prêt à reprendre le cours de ses intéressantes leçons.
Quelques livres, dont il a besoin pour des ci-
tations, sont là près de lui sur une petite
table. On se place, on s'empresse ; chacun est
avide de recueillir ses premières paroles. Enfin,
au milieu d'un profond silence, le bienfaisant
mentor élève la voix et parle en ces termes :

« Dans ces soirées d'autrefois, où je vous
parlais des *Découvertes les plus utiles et les plus
célèbres*, il me souvient que vous prêtiez à ma
voix une oreille fort attentive ; ce sujet paraissait
vous plaire, et en effet il était pour nous tous
d'un grand intérêt. Or, si vous le voulez bien,
nous y reviendrons aujourd'hui, sous un point
de vue différent. Nous n'avons pu une première
fois que saluer en passant d'un regard d'admiration et de gratitude ces hommes, artisans de
tant de merveilles, qui sont venues s'offrir à
nos yeux. Aujourd'hui nous paierons à leur mémoire un nouveau tribut de reconnaissance, en
étudiant un peu plus à fond leur vie et leur
histoire. Nous aurons à parler aussi de quelques
autres artisans, que vous ne connaissez peut-
être pas encore, et qui, partis de bien bas, ont

acquis par leur travail et leur génie persévérant, un haut renom, une position honorable dans les rangs les plus élevés de la société. Nous verrons comment le plus souvent la Providence a conduit, guidé leurs pas et récompensé par d'heureux résultats leurs efforts et leurs puissants labeurs. En un mot, mes bons amis, je voudrais vous tracer, dans nos soirées de cette automne, un petit tableau historique des *Artisans les plus célèbres*. Ce sujet vous plaira certainement, et je ne doute pas que vous ne prêtiez encore à mes paroles la plus grande attention. »

Des signes d'assentiment et de joie se manifestent dans tout l'auditoire, après ce préambule du digne magistrat. Il comprend alors que le sujet proposé est bien choisi, et que son attente ne sera point trompée. Encouragé par ces premières marques d'un vif intérêt, M. de Kervenant continue ainsi :

« Quel sujet plus opportun, plus approprié au temps où nous vivons ! Oui, il faut bien le reconnaître, notre siècle est par excellence celui de l'industrie. A l'heure où je vous parle, on construit à Paris, sur les bords de la Seine, un immense et magnifique palais qui surpassera en grandeur tous les palais de cette belle capitale. Savez-vous à qui il est érigé ? c'est au roi du jour, à l'*industrie universelle*. Bientôt nous verrons étaler dans cette splendide demeure, à l'instar de ce qui s'est fait naguère à Londres, tous les produits de l'industrie dans les divers pays du monde. Si quelques-uns d'entre vous, malgré la distance, peuvent faire le voyage, ils reviendront à coup sûr tout émerveillés et grandement étonnés de la puissance prodigieuse du génie de l'homme. Oui, c'est là l'honneur incontestable de notre siècle. Tandis que d'autres temps se sont rendus célèbres par des guerres sanglantes et de terribles combats, où des milliers d'hommes laissaient leur vie, le nôtre s'illustre par des exploits pacifiques, par les conquêtes et les découvertes de la science. Chaque année se signale par quelques brillantes inventions : l'homme, par son travail et son intelligence, sait de plus en plus pénétrer les secrets de la nature et en utiliser toutes les forces cachées. Aussi chaque jour, pouvons-nous presque dire, voit-il changer la face du monde.

» Supposez, mes amis, que nos grands-pères reviennent un instant au milieu de nous : que diraient-ils, par exemple, en voyant passer devant eux, comme une flèche, ces lourds convois de chemins de fer, entraînant voyageurs, bétail, marchandises, etc.? que diraient-ils, en voyant nos bateaux à vapeur traverser les mers, en dépit des vents et des tempêtes , nos ballons s'envoler et disparaître dans les nuages ? enfin, voudraient-ils croire que la foudre elle-même , assujettie à nos lois , porte nos nouvelles sur des fils électriques , et que , grace au chloroforme , on peut couper bras ou jambe à un malade sans qu'il s'en doute ? Ah ! non , assurément, ils crieraient tous au sorcier ; ils feraient comme un brave paysan de ma connaissance, qui , voyant pour la première fois une locomotive , dit à sa femme , tout effrayé : « Viens , allons-nous-en , ne montons pas dans ces voitures , *c'est le diable qui est là-dedans.* »

» Pour nous , déjà familiarisés avec ces merveilles ; pour nous , qui nous plaignons presque que les chemins de fer vont trop lentement , les choses nouvelles et tout-à-fait surprenantes sont les seules qui puissent désormais exciter notre admiration. Si nous vivons quelque temps encore , nous en verrons bien d'autres. Sans doute le génie de l'industrie est comme le *Juif errant* ; il marche et jamais ne s'arrête , et dans notre siècle surtout il fait des pas de géant... En attendant l'avenir, étudions le passé et le présent.

» Avant tout, je ne puis m'empêcher de jeter avec vous un très-rapide regard sur quelques *artisans* devenus *célèbres*, non point précisément par leur science, leurs talents, mais, ce qui vaut mieux encore, par leurs vertus, leur sainteté. L'Eglise a mis sur ses autels et propose à la vénération des fidèles un certain nombre d'entre eux. Le nom de quelques-uns ne sera point déplacé dans cette galerie. L'Eglise ne couronne pas seulement des pontifes, des religieux, des princes, des monarques ; elle couronne aussi de la plus éclatante gloire de simples *artisans* ; et tout récemment encore nous l'avons vue rendre d'insignes honneurs à une jeune et pauvre bergère d'une de nos provinces [1].... Mais le premier en date comme en sainteté, que nous saluerons ici de nos hommages, c'est un personnage bien connu de vous ; c'est saint Joseph, le *charpentier*, le bienheureux époux de la Vierge Marie.

» Vous connaissez tous la belle et admirable histoire de saint Joseph, ce grand saint qui mérita par ses vertus l'insigne honneur de devenir l'époux de la plus parfaite des créatures, et le père nourricier de Notre-Seigneur Jésus-Christ. Vous savez que, retiré au fond de sa boutique, tout entier à ses humbles travaux, sans miracles et sans œuvres éclatantes, il est parvenu au plus haut degré de la sainteté, et qu'au-

[1] *Germaine Cousin*, de Pibrac.

jourd'hui sa gloire et sa puissance dans le ciel
sont incomparables. Qu'ajouterai-je donc, sinon
qu'il est le patron de tous les ouvriers, de tous
les artisans, et qu'ainsi chacun de vous doit
l'honorer d'un culte tout spécial! O grand saint
Joseph, bénissez-nous tous du haut du ciel,
et obtenez-nous l'insigne grace de vivre comme
vous dans la douce compagnie de Jésus et de
Marie, et de mourir aussi un jour comme vous
entre leurs bras!...

» Dans les premiers siècles de l'Eglise, aux
temps des persécutions, l'histoire nous montre
la profession d'*artisans* glorieusement représentée dans ces héroïques et sanglants combats
de la vérité contre l'erreur, qui sont le plus
beau triomphe du christianisme. C'est *Maxime*,
marchand en Asie, qui, sous l'empereur Dèce,
se déclara hautement serviteur de Jésus-Christ
et devint un illustre martyr. Ce sont, un peu
plus tard, les deux frères *Crespin* et *Crespinien*,
ces *cordonniers* de Soissons, qui furent des
apôtres parmi leurs compatriotes, et scellèrent
aussi de leur sang la foi qu'ils avaient prêchée.
Soissons leur bâtit, quelques siècles après, une
magnifique église; et saint Eloi, autre artisan
célèbre, dont nous parlerons tout-à-l'heure,
enrichit leur châsse de divers ornements. La

grande ville de Constantinople, dont on parle
tant aujourd'hui, à bâti à son tour, il y a bien
des siècles, une splendide église pour abriter
les restes d'un illustre martyr. Savez-vous quel
est ce martyr? C'est un pauvre *jardinier* nommé
Phocas. Il demeurait près de la porte de Sinope,
ville du Pont, en Asie, et s'occupait à cultiver
un jardin qui, lui fournissant de quoi vivre,
lui donnait encore le moyen de faire aux pauvres d'abondantes aumônes. Dans cette humble profession, il imitait la vertu des anciens
patriarches, et tout en lui rappelait en quelque sorte l'état heureux de l'âge d'innocence.
Un magnifique temple à Sinope possédait autrefois son corps. On y venait de fort loin implorer
la protection du saint jardinier. On rapporte
aussi que les mariniers de la plupart des mers
chantaient des hymnes à sa gloire; souvent,
dit-on, ils ont été par son secours délivrés
d'un péril imminent, et ils réservaient pour
les pauvres une partie de leur gain, appelée
la *part de Phocas*.... Enfin, si nous poursui-
vions notre revue de saints *artisans*, dans ces
mêmes âges de persécutions, nous trouverions
encore un homme qui, dans l'humble profession d'hôtellier, sut pratiquer les plus hautes
vertus, et conquérir par un martyre héroïque

un nom glorieux dans les annales de l'Eglise. C'est *saint Théodote*, de la ville d'Ancyre en Asie... Mais passons à saint Eloi, dont nous avons déjà prononcé le nom. Vous connaissez sans doute ce grand personnage, ne fut-ce que par quelques chansons populaires.... Mais son histoire vaut beaucoup mieux que ces chansons. Il se distingua au septième siècle par une rare habileté dans l'art de travailler l'or et l'argent. Le roi Clotaire II l'ayant chargé de fabriquer un siège ou trône digne de la magnificence royale, on remit au jeune orfèvre la quantité d'or jugée nécessaire pour l'exécution de ce travail. Mais Eloi, avec la matière qu'on lui avait fournie, fit, au lieu d'un seul trône, deux trônes de forme pareille, également bien travaillés, également magnifiques. L'artiste pouvait-il prouver d'une manière plus éclatante, non-seulement son talent, mais encore sa scrupuleuse probité? Ce fut l'origine de la fortune d'Eloi. Il devint trésorier de la couronne, conseiller du roi, et se distingua dans plusieurs négociations qui lui furent confiées. Eloi n'en continua pas moins d'exercer sa profession. Il se plaisait surtout à fabriquer de belles châsses pour les reliques des saints. Il orna avec magnificence les tombeaux de saint

Martin de Tours et de saint Denis de Paris. Devenu plus tard évêque de Noyon, il fut l'un des plus illustres prélats de son siècle. Après sa mort, arrivée l'an 659, il dut à ses vertus et à ses bienfaits d'être mis au nombre des saints.

» Voici maintenant, au moyen-âge, *saint Isidore, laboureur*. Il vivait au douzième siècle. C'est l'un des plus grands saints de l'Espagne, et le patron de la ville de Madrid, sa belle capitale. Mais comment est-il devenu si saint et si célèbre? me demanderez-vous, C'est tout simplement en labourant la terre. Oui, tandis que sa main conduisait la charrue, son cœur conversait avec Dieu et avec les esprits célestes. Tantôt il déplorait ses misères et celles des autres hommes; tantôt il soupirait après les délices du paradis. Ce fut par cet amour de la prière, jointe à la pratique continuelle de l'humilité, de la patience et d'une grande charité pour les pauvres, qu'il acquit une sainteté imminente, et devint l'objet de l'admiration de toute l'Espagne. Entré dans sa jeunesse au service d'un gentilhomme de Madrid, pour faire valoir une de ses fermes, il lui resta toujours attaché et n'eut point d'autre maître. Aussi pouvait-il lui dire, comme Jacob à Laban : « J'ai veillé durant les nuits, j'ai supporté le froid et le chaud pour conserver et augmenter votre bien. Vous aviez peu de chose avant que je fusse venu avec vous, et maintenant vous voilà devenu riche [1]. » De son côté, ce maître, sentant tout le prix du trésor qu'il possédait dans la personne d'Isidore, le traitait comme son frère, en se rappelant cet avis de la sainte Ecriture : *Chérissez comme votre âme le serviteur qui a de la sagesse; ne lui refusez pas la liberté qu'il mérite, et ne le laissez point tomber dans la pauvreté* [2]. Le saint, qui avait obtenu la liberté d'assister tous les jours à l'office de l'Eglise, savait allier la piété et le devoir. Il se levait de grand matin pour satisfaire tout à la fois à sa piété et à ses obligations; car il savait que c'est une fausse dévotion de croire plaire à Dieu en manquant aux devoirs de son état.

» Isidore s'était uni à une pieuse compagne, recommandable comme lui par ses vertus : c'est Marie Torribia, qui est honorée aussi en Espagne parmi les saintes. Ces deux vertueux époux nous offrent un admirable modèle de vie innocente et remplie de mérites devant Dieu. Saint Isidore précéda de cinq ans sa compagne dans le ciel. Il s'endormit dans le Seigneur le 15 mai 1170,

[1] GENÈSE, XXX. 30. [2] ECCLES. VII. 23.

à l'âge de près de 60 ans. Sa sainteté fut confirmée par de nombreux miracles. Le peuple espagnol le révère aujourd'hui comme un puissant patron, et les rois eux-mêmes, abaissant leur front chargé d'une couronne devant ses précieuses reliques, ont plus d'une fois imploré le secours et reconnu l'appui tutélaire du pauvre *laboureur*

» La ville de Crémone, en Italie, a pour patron à son tour un artisan, célèbre aussi par ses vertus, et qui vécut vers la même époque. C'est *saint Hommebon*, marchand de profession. Ce nom, qu'il reçut au baptême, semblait présager ce qu'il serait un jour. Il fut en effet un *homme* si *bon*, qu'il mérita d'être mis au rang des saints. Voyant dans son état de *marchand* une occupation que Dieu lui avait donnée, il en remplissait tous les devoirs par obéissance à la volonté du ciel, et ne laissait échapper aucune occasion de pratiquer toutes les vertus chrétiennes dans un degré héroïque. On admirait surtout sa charité envers les pauvres; il allait les chercher dans leurs cabanes, et en même temps qu'il les soulageait dans leurs misères, il les exhortait à mener une meilleure vie. Sa femme lui reprochait-elle parfois d'appauvrir sa famille par ses aumônes trop abondantes, il répondait avec douceur : « La meilleure manière de placer son argent est de le donner aux pauvres ; on lui fait par là produire le centuple, comme Jésus-Christ lui-même l'a promis. » On lit dans l'histoire de sa vie, que ses généreuses charités furent souvent accompagnées de miracles, et qu'on vit plus d'une fois se multiplier entre ses mains les dons qu'il avait destinés au soulagement des malheureux.

» Savez-vous comment mourut ce grand serviteur de Dieu? Oh! la belle mort!... Tous les jours il assistait, dans l'église de Saint-Gilles de Crémone, aux matines, qui se disaient à minuit Or, le 13 novembre 1197, après avoir assisté à cet office suivant sa coutume, il resta à genoux devant le crucifix. Au lever de l'aurore, le prêtre vint célébrer la messe. Le saint ne remua point; seulement, au *Gloria in excelsis*, il étendit les bras en forme de croix. Peu de temps après il tomba le visage contre terre. On crut qu'il s'était mis dans cet état par dévotion; mais quand on s'aperçut qu'il ne se levait point à l'*Evangile*, on s'approcha de lui pour le relever. Le saint homme n'existait plus : il avait entendu le cantique des anges, et soudain son âme, rompant ses liens, s'était envolée pour aller le chanter avec eux dans le ciel.

» Vous parlerai-je maintenant de deux autres saints *artisans* que vit le treizième siècle, toujours dans cette belle Italie, la terre classique des plus hautes vertus? Un mot seulement sur chacun d'eux.

» Le premier est *saint Fazius*, orfèvre, aussi de Vérone; son activité et son zèle jointes à une grande piété, lui ayant attiré la confiance du public, firent prospérer sa maison, mais éveillèrent en même temps dans ses confrères une jalousie de métier qui lui valut toute espèce de tourments de leur part. Il quitta sa ville natale, et se rendit à Crémone, où il fit don aux pauvres et aux églises de tout le fruit de son industrie. Il se concilia par là tellement l'affection de tous les habitants, que lorsque plus tard il voulut revenir dans sa patrie ce fut avec grande peine que les Crémonais le laissèrent partir.

» De retour à Vérone, Fazius, loin de trouver ses ennemis apaisés, ne les vit que plus acharnés à sa poursuite. On suborna de faux témoins, qui, pour de l'argent, soutinrent un acte d'accusation dirigé contre lui. A peine arrivé, il fut jeté en prison. Tout le monde était convaincu de son innocence : cependant il demeura captif jusqu'à ce que la Providence vint elle-même le délivrer : c'est elle sans doute qui inspira aux Crémonais, dont Vérone avait imploré le secours pour résister à ceux de Mantoue, l'idée de stipuler comme condition expresse du secours promis la mise en liberté de Fazius. Le pieux orfèvre fut donc relâché avec la permission de s'établir à Vérone ou ailleurs. Il préféra la ville de Crémone, où il vint passer le reste de ses jours. Il y avait fait bâtir une chapelle, fondé un *ordre* religieux, dit *du Saint-Esprit*, dont le but était de soigner les malades, de visiter les prisonniers, de chercher et de consoler les pauvres, et de pratiquer d'autres œuvres de charité. Fazius fut comme l'âme de cette utile et sainte société, jusqu'à sa bienheureuse mort, arrivée dans la quatre-vingt-deuxième année de son âge. Un grand nombre de miracles s'opéra depuis par son intercession. Il est encore aujourd'hui en grande vénération à Crémone et à Vérone.

» A Faënza dans la Romagne, en Italie, vivait aussi au treizième siècle un artisan que ses vertus ont rendu grandement célèbre; il s'appelait *Névolon*; il était *cordonnier*. Il consacrait au soulagement des veuves, des orphelins et des indigents la majeure partie du produit de son travail, leur donnant les souliers qu'il faisait, ou raccommodant leur chaussure par charité. Sa générosité envers les pauvres était extraordinaire. Dieu se plut à la récompenser par plusieurs miracles. Sa femme, dont la mauvaise humeur le faisait souvent souffrir, se plaignait amèrement de ses abondantes aumônes. Mais il supportait ces plaintes avec une patience admirable. Un jour, un mendiant étant venu lui tendre la main, il dit à son épouse de lui donner un pain. « Il n'y en a plus dans l'armoire, répondit-elle d'un ton aigre. Comme il insistait, elle lui fit plusieurs fois la même réponse. « Au nom du Seigneur, allez, lui ajouta-t-il enfin, et donnez l'aumône à ce pauvre. » La femme ouvre l'armoire, et quel n'est pas son étonnement! elle y trouve une grande quantité de pains. Ce prodige la frappa tellement, qu'elle changea complètement de conduite et qu'elle n'eut plus que du respect pour son saint époux.

» Les pélerinages étaient très en usage au siècle ou vivait Névolon. Ce saint artisan entreprit ceux des saints Apôtres à Rome, et de saint Jacques de Compostelle en Galice; il les fit en véritable pélerin, et il acheva le second nu-pieds. Un jour, dans l'un de ses voyages de dévotion, se sentant pressé par la faim, il supplia vainement un aubergiste de lui donner un morceau de pain : cet homme le refusa parce qu'il n'avait pas d'argent, et il lui dit d'aller en mendier de porte en porte. A ces paroles, Névolon leva les yeux au ciel, et pria le Seigneur de le secourir. Les ayant ensuite baissés, il vit à ses pieds une pièce de monnaie : elle lui servit à payer le pain qu'on lui avait refusé en aumône.

» Le bienheureux Névolon, parvenu à une extrême vieillesse, mourut à Faënza, le 27 juillet 1280. Quelle belle mort encore! Réduit lui-même à l'indigence par sa grande charité envers les malheureux, il s'était retiré, après la mort de sa femme, dans la petite maison d'un pauvre ermite, où il menait un genre de vie très-austère. Au moment de sa mort, les cloches d'une église voisine, dans laquelle il allait habituellement prier, sonnèrent d'elles-mêmes, dit-on, pour annoncer son trépas. Surpris de cette merveille, le curé se rendit avec plusieurs témoins à la petite maison du serviteur de Dieu. On le trouva à genoux ; on crut qu'il priait, mais bientôt on reconnut qu'il avait cessé de vivre. Son corps fut transporté solennellement à la cathédrale, où on lui a érigé un beau monument en marbre. Le culte de ce saint artisan a été autorisé par le pape Pie vii.

» Terminons cette petite galerie de saints artisans par quelques mots sur l'un d'entre eux, beaucoup plus récent, mais dont je vous engage à lire tous l'intéressante histoire [1]. C'est *Michel-Henri Buch*, communément appelé *le bon Henri*. Fils d'un pauvre laboureur d'Arlon dans le Luxembourg belge, il se distingua dès son enfance par sa sagesse, sa piété, et prit fort jeune encore la professson de *cordonnier*, dans laquelle il sut pratiquer toutes les vertus chrétiennes. Etant venu à Paris, il y fonda vers le milieu du dix-septième siècle, de concert avec un noble et vertueux seigneur [2], l'établissement connu sous le nom de communauté des *frères cordonniers.* C'était une pieuse association d'apprentis et d'ouvriers, dont le but était de faciliter la pratique des vertus parmi ceux de cette profession. Elle avait ses règlements, ses statuts rédigés par un vénérable curé de Paris, et tous empreints d'un admirable esprit d'union, de piété, de charité. Le *bon Henri* en fut le premier supérieur. L'innocence et la sainteté de ces pieux artisans montraient visiblement que Dieu les avait choisis pour glorifier son nom. Ils faisaient revivre en eux l'esprit des premiers chrétiens qui *n'avaient qu'un cœur et qu'une âme.* Cette communauté

---

[1] Voyez l'*Artisan chrétien* ou *la Vie du bon Henri*, ouvrage publié par la Bibliothèque catholique de Lille.

[2] Le baron de Renty.

donna naissance, deux ans après, à celle des *frères tailleurs*. Ces deux associations avaient divers établissements en France, en Italie, à Rome même : tout le bien qu'elles ont fait est incalculable..... De nos jours, où l'on s'occupe d'améliorer le sort des ouvriers, de nobles âmes se livrent aux plus louables efforts pour faire revivre parmi nous ces utiles associations. Le Ciel bénit leur charitable zèle, et partout l'on voit se former, comme à Paris, des *sociétés de S. François Xavier*, qui sont l'espoir de la religion et du pays... Réjouissons-nous à cette douce pensée ; mais n'oublions pas que le premier fondateur de ces charitables confréries fut ce pauvre *cordonnier*, dont le nom, trop peu connu, méritait de figurer ici avant celui de tant d'autres artisans dont j'ai maintenant à vous rappeler le souvenir.

» A demain donc, mes amis, la suite de nos entretiens. Après la sainteté, les vertus, voici venir la science et les talents, grace au ciel, rehaussés souvent encore par la vertu. »

DEUXIÈME SOIRÉE.

« Mes amis, dit le savant magistrat aux nombreux villageois rassemblés autour de lui, nous ouvrirons au quinzième siècle seulement la série de nos entretiens. Ce n'est pas que les siècles précédents ne nous offrent quelques célèbres artisans, dignes aussi d'attirer nos regards : mais jusqu'à cette époque, et même, on peut le dire, jusqu'au dix-huitième siècle, l'industrie n'a pas eu d'historiens. Dans ce champ si fécond, on ne voit guère jusqu'alors que confusion, incertitudes. Et puis, ne faut-il pas savoir se restreindre, et, loin d'épuiser un sujet, n'en cueillir que la fleur ? Autant que possible nous suivrons l'ordre des temps. Aujourd'hui donc l'entretien roulera sur deux personnages nés la même année, et tous deux illustres à des titres divers : l'un est *Jean Guttemberg*, l'inventeur de l'imprimerie ; l'autre est *Jacques Cœur*, l'un des plus habiles et des plus honorables commerçants dont la France ait le droit de s'enorgueillir.

» Je vous ai parlé autrefois de cet art admirable de *l'imprimerie*, par lequel une seule heure peut produire un plus grand nombre d'exemplaires d'un livre que ne l'auraient pu anciennement dix habiles copistes durant toute une année [1]. Voici maintenant quelques détails biographiques sur l'inventeur de cet art, qui fut assurément le plus célèbre *artisan* du quinzième siècle.

» Jean Guttemberg naquit à Mayence, en 1400, d'une famille noble, nommée aussi *Salgetoch*, du nom d'un petit manoir patrimonial. Doué d'un génie inventif, Guttemberg vint à Strasbourg, vers l'âge de 24 ans, et s'y livra, d'abord seul, à quelques travaux qui furent comme les préliminaires de sa précieuse découverte. Vers 1436, il forma une association avec André Drytzen et quelques autres pour *tous ses arts et secrets tenant du merveilleux*, comme il disait lui-même. L'invention de l'imprimerie était sans doute au nombre de ces *secrets merveilleux*. C'est donc en 1436 et dans Strasbourg qu'on doit placer la première origine de l'imprimerie : Guttemberg fit dans cette ville les essais du nouvel art en employant des caractères mobiles en bois. Ces premiers essais, pour lesquels il dépensa de grandes sommes, ayant épuisé enfin

---

[1] *Les Découvertes les plus utiles, etc.* Quatrième soirée.

toutes ses ressources, il revint à Mayence, sa patrie (1445). Quelque temps après, il y forma une nouvelle société avec un habile et riche orfèvre, dont le nom devait être un jour uni au sien dans sa renommée et dans sa gloire.

» Guttemberg, après plus de vingt années de travaux, n'avait encore cependant qu'ébauché sa découverte. De nouveaux efforts l'occupèrent tout entier; il n'épargnait rien pour vaincre les difficultés sans nombre de son entreprise. Enfin il osa rêver l'impression d'une *Bible*. Sa fortune personnelle ne lui permettant pas de soutenir seul les frais d'une pareille opération, Faust, son riche associé, vint à son aide. Guttemberg consentit avec lui un traité par lequel il lui assurait la moitié des bénéfices. Les fonds trouvés, il s'agissait de se mettre à l'œuvre. Mais comment imprimer un ouvrage aussi long avec des lettres sculptées une à une sur bois ou sur métal? Le génie inventif de Guttemberg en trouva enfin le moyen : tailler des poinçons, frapper des matrices et y fondre des lettres séparées pour les employer chacune selon le besoin, fut une idée heureuse qui vint compléter tout le système de l'imprimerie. Pierre Schœffer, habile ouvrier arrivant de Paris, fut chargé de la fonte des caractères. Guttemberg, Faust, Schœffer!... L'histoire, qui n'est pas toujours juste, nous montre ces trois personnages comme une trinité symbolique de l'imprimerie; mais l'on voit déjà combien ces trois hommes ont été inégaux en génie. Les deux derniers ne furent guère, après tout, que des aides, des manœuvres. A Jean Guttemberg doit donc revenir tout l'honneur de la plus admirable des inventions humaines.

» Quoiqu'il en soit, on vit paraître alors la fameuse *Bible latine* dite *aux quarante-deux lignes*, sans date, sans nom de lieu ni d'imprimeur. Ce n'est pas tout-à-fait ainsi qu'on agit de nos jours : tout livre qui paraît n'est plus un enfant inconnu dont on ignore l'origine et l'histoire. Félicitons-nous de ce progrès, en regrettant que Guttemberg, on ne sait pour quelle raison, n'ait mis son nom sur aucun des livres imprimés par ses soins. Il s'ensuit que l'on ne peut déterminer avec certitude les ouvrages sortis de ses presses. Cette *Bible latine*, qu'on ne peut lui contester, restera toujours, du moins, comme le premier et le plus beau monument de sa gloire. La *Bible* a donc été le premier livre imprimé! Ne semble-t-il pas que le nouvel art, en s'appliquant ainsi tout d'abord à l'œuvre de Dieu lui-même, ait voulu rendre un éclatant hommage à Celui de qui viennent toutes les inspirations du génie !

» Après la *Bible* (imprimée en deux volumes

in-folio de 600 pages chacun), parut en 1457 le *Psautier*, qui, malgré les perfectionnements apportés par quatre siècles à l'art de Guttemberg, sera toujours regardé comme un chef-d'œuvre de typographie. Mais l'illustre Mayençais, déjà malheureux à Strasbourg, avait à souffrir alors de nouvelles épreuves dans sa ville natale. Faust, son associé, comme pour lui ravir l'honneur de sa découverte et en retirer tout le profit, lui intenta un procès. Guttemberg fut condamné à payer de fortes sommes qu'il avait reçues en avances. Ne pouvant se libérer, il se vit contraint d'abandonner à son compagnon infidèle ses caractères, sa presse, son atelier enfin, dont celui-ci se servit pour finir le *Psautier* avec Schœffer.

» Dépouillé par Faust, Guttemberg ne se découragea point cependant. Avec le secours de Conrad Humery, syndic de Mayence, et la protection de l'archevêque-électeur, Adolphe de Nassau, qui le nomma son gentilhomme, il forma à lui seul un autre établissement dans la même ville (1456). Il le conserva jusqu'en 1465, et durant cet intervalle plusieurs magnifiques ouvrages sortirent de ce nouvel atelier. Ici l'incertitude règne sur les travaux de ce grand homme; contentons-nous donc d'admirer la patience et la persévérance de ce génie, qui, malgré bien des obstacles, a su enfin doter l'Europe et le monde de son admirable découverte. Les ouvriers de Guttemberg et de Faust propagèrent bientôt leur art en Allemagne, en Angleterre et en Italie. Faust lui-même vint à Paris, colportant sa *Bible latine*. Il en fit un si grand débit, qu'on l'accusa, dit-on, de sorcellerie. Les ornements du livre en encre rouge passaient pour avoir été tracés avec son sang. Arrêté et mis en prison, il aurait pu être la victime d'un mauvais parti, si le roi Louis xi ne l'eût fait remettre en liberté, à condition qu'il révélerait son secret. Quant à Guttemberg, il ne quitta point sa ville natale; sur la fin de ses jours, il abandonna ses travaux et céda sa presse à son associé Humerg. Ce fut en 1468 que cet illustre inventeur termina sa pénible et utile carrière. Il se consolait sans doute de l'ingratitude des hommes, par la pensée du bienfait qu'il leur léguait. Il fut enterré à Mayence dans l'église des Récollets, et sur son tombeau on grava une épitaphe latine *à la mémoire immortelle du nom de l'inventeur de l'art de l'imprimerie qui a*, dit l'inscription, *le mieux mérité de toute nation et de toute langue.*

» La ville de Mayence, par un hommage tardif, a érigé, en 1837, à Jean de Guttemberg une belle statue en bronze, dont le modèle est dû à l'habile sculpteur Thorwaldsen. Strasbourg, quelques années après, a suivi cet exemple. Au mois de juin 1840, cette ville célébrant le quatrième anniversaire de l'invention de l'imprimerie, a aussi élevé sur une de ses places une statue au grand homme qu'elle semble avoir adopté pour l'un de ses enfants. Mais d'autres honneurs, d'autres récompenses ont sans doute été le prix de ses labeurs. On doit croire que le suprême Rémunérateur a tenu compte à Guttemberg de tous les bienfaits dont l'invention de l'imprimerie a été la source, et que la gloire dont il jouit ici-bas n'est qu'une ombre de celle dont il est revêtu dans l'immortel séjour.

» Et maintenant, à la suite de ce roi de l'imprimerie, plaçons les noms de ceux qui furent, bientôt après, comme les princes et les maîtres dans ce bel art. Voici d'abord *Alde Manuce*, le chef célèbre de la famille d'imprimeurs de ce nom, qui acquit une si grande renommée. Nul ne contribua autant que ce savant homme à la perfection de l'art typographique. Né dans l'Etat romain vers le milieu du quinzième siècle, après avoir fait une étude profonde de la littérature latine et grecque, il fonda à Venise, en 1488, une imprimerie destinée à reproduire les chefs-d'œuvre de l'antiquité. Son édition des *OEuvres d'Aristote* sera toujours regardée comme un curieux monument de l'art. Alde Manuce substitua l'élégant et commode format in-octavo au lourd format in-folio. Il avait imaginé aussi un caractère semblable à l'écriture, qu'on appela *Aldine*, du nom de son auteur. Son zèle pour le travail était vraiment merveilleux. Afin de n'être point troublé dans ses études par les oisifs dont les villes sont remplies, il avait affiché, dit-on, à la porte de son cabinet, cet avis plus utile que poli : *J'invite ceux qui viennent m'interrompre à ne m'entretenir que de choses nécessaires et à se retirer dès que je les aurai satisfaits.*

» Qui ne connaît le nom d'*Elzevier*, sous lequel se sont immortalisés tant d'imprimeurs de Leyde et d'Amsterdam? Quelle élégance, quelle délicatesse dans les petits caractères de leurs éditions classiques, vrais chefs-d'œuvre de typographie ! La France s'enorgueillit à son tour à plus d'un titre de cette savante et nombreuse famille des *Estienne*, qui, durant plus d'un siècle et demi, ne cessa de fournir des typographes de la plus haute distinction. Robert, le plus illustre de tous, savait le latin, le grec et l'hébreu. C'est de lui qu'un savant historien a dit : La France doit plus à Robert Estienne, pour avoir perfectionné l'imprimerie, qu'aux plus grands capitaines pour avoir étendu ses frontières [1]. Afin de rendre ses éditions plus correctes, il en faisait, dit-on, afficher les épreuves, et récompensait généreusement ceux qui découvraient quelque faute. C'est ainsi que dans une de ses belles éditions, celle du *Nouveau Testament en grec*, l'œil le plus scrutateur ne découvre qu'une seule faute d'impression ; encore est-ce un simple déplacement de lettres. Combien d'ouvrages de nos jours envieraient ce beau privilège ! La France fut aussi la patrie de Christophe Plantin, cet imprimeur de Philippe II, roi d'Espagne, qui fit faire de si grands pas à son art. On cite surtout parmi les ouvrages sortis de ses presses la fameuse Bible dite *Polyglotte*, d'Anvers, qui est un véritable chef-d'œuvre.

» Dans le siècle dernier, l'Italie donna le jour à un homme qui sut égaler la gloire d'Alde Manuce, et porta l'art au plus haut degré de perfection : c'est le célèbre *Bodoni*, de Saluces, si connu par ses belles éditions des classiques grecs, latins, italiens et français. Simple ouvrier à Rome, dans l'imprimerie de la *Propagande*, cet artiste, très-jeune encore, conçut la pensée de donner à la typographie une nouvelle impulsion, et de l'élever au rang qu'avait atteint la peinture

[1] De Thou.

et la statuaire. Quelques années après, il avait réalisé son projet, en fondant à Parme la célèbre imprimerie qui a long-temps porté son nom, et dont les produits sont regardés comme des chefs-d'œuvre.

» Mais en voilà assez, mes amis, sur l'imprimerie et les imprimeurs. Cet art, qui est à son apogée aujourd'hui parmi nous, grace aux nouveaux perfectionnements qu'il a reçus encore des derniers successeurs de tous ces habiles typographes, a malheureusement trop souvent servi la cause de l'erreur et de l'incrédulité. Il en est de l'imprimerie comme de la langue: elle nous a été donnée pour communiquer et transmettre nos pensées ; elle a été surtout donnée aux hommes pour propager la vérité et la divine lumière de l'Evangile ; mais l'abus de cet art admirable s'est bientôt fait sentir comme l'abus de la parole, ce noble privilège de l'homme. Eloignons de nous, mes amis, tout ce qui peut altérer la foi et corrompre les mœurs, et ne nous servons des bienfaits de Dieu, que pour apprendre à louer, à bénir son saint nom, et à l'aimer de tout notre cœur.

» Pour suivre l'ordre des dates, je vous parlerai maintenant d'un homme qui ne fut point précisément un *artisan*, comme on l'entend de nos jours, mais sur lequel pourtant je dois arrêter vos regards. C'est un illustre commerçant. Or le commerce n'est-il point lui aussi un art ou une science, comme vous voudrez, non moins utile que l'agriculture et l'industrie? Tandis que l'agriculture produit les choses nécessaires à la consommation, et que l'industrie invente ou perfectionne d'autres objets utiles aux besoins ou aux agréments de la vie, le commerce n'est-il pas à son tour le véhicule bienfaisant de toutes ces choses, et le lien qui, unissant toutes les nations, de tant de peuples divers répandus sur le globe, n'en fait plus pour ainsi dire qu'un seul? Quel artisan plus utile à la société, sous plusieurs rapports du moins, qu'un bon commerçant maritime? Parlons donc maintenant d'un des plus illustres dont le nom figure dans notre histoire: parlons de *Jacques Cœur*.

» C'était le fils d'un orfèvre de Bourges. Né vers 1400, il fut employé dans sa jeunesse à la fabrication des monnaies, et montra de bonne heure la plus grande aptitude pour les affaires commerciales Son commerce, grace à son intelligente activité, prit bientôt une extension prodigieuse. Ses nombreux vaisseaux transportaient d'Europe en Orient des armes, des lingots d'or et d'argent qu'ils allaient échanger contre la soie et les épiceries. Son mérite, justement apprécié par Charles VII, lui valut la faveur et la confiance de ce prince pendant son séjour dans la capitale du Berry. Le monarque, surnommé le *petit roi de Bourges*, parce que les conquêtes des Anglais et des Bourguignons ne lui avaient guère laissé que cette place, le nomma d'abord maître des monnaies de Bourges ; ensuite son *argentier* ou *trésorier* de son épargne. L'exercice de cette charge, bornée dans le principe à la direction des dépenses de la maison du roi, prit entre les mains de Jacques Cœur un pouvoir bien plus étendu. Il réunissait les fonctions de dépositaire des fonds royaux à celles de ministre des finances. Ces fonctions ne l'empêchaient pas de continuer le commerce maritime. Il envoyait ses vaisseaux dans presque toutes les parties du monde alors connu ; il avait trois cents facteurs à ses ordres, et faisait lui seul plus d'opérations commerciales que tous les autres négociants de France et d'Italie. Il acquit en peu de temps la fortune la plus considérable de l'Europe. Ses richesses s'étaient tellement accrues, que pour désigner un homme jouissant d'une fortune immense, on ne disait plus, selon le vieux dicton, *C'est un Crésus*, mais bien : *Il est aussi riche que Jacques Cœur*. Bon nombre de gens même, le voyant rouler sur l'or, ne doutaient pas qu'il n'eût enfin trouvé la pierre philosophale ; mais tout son secret consistait dans un talent et une habileté extraordinaires pour le trafic. Il leur dut cette espèce de royauté commerciale qu'il exerçait dans plus d'une contrée. De tous les vaisseaux qu'il avait en mer on eût pu composer une flotte, et ses facteurs du Levant traitaient de puissance à puissance avec les princes sarrasins.

» Mais la gloire de Jacques Cœur est d'avoir employé sa haute influence au bien et à la prospérité de son pays : désolé, appauvri par les guerres, ce pays réclamait plus que jamais alors le secours de loyaux citoyens. Le zèle du grand commerçant pour le bien de l'Etat et son intelligence auraient réparé le désordre des finances, si les circonstances eussent été moins difficiles. Non content d'initier le roi Charles VII aux principes d'une sage administration, Jacques Cœur voulut encore mettre sa fortune au service de la cause nationale ; il permit au souverain de puiser à discrétion dans ses coffres, s'il se décidait à faire la conquête de la Normandie. On vit alors l'étrange spectacle d'un simple particulier prêtant à son prince 200,000 écus d'or, et entretenant quatre armées à ses frais. A l'approche des troupes françaises, les villes normandes, impatientes de secouer le joug étranger, chassèrent les garnisons anglaises , et firent leur soumission... Le 10 novembre 1448, Charles vii , dit le *Victorieux,* fit son entrée dans Rouen, entouré de tous ses vaillants capitaines; mais au milieu de cette noble phalange de guerriers, tous les regards se portaient sur un homme qui se tenait aux côtés du roi , comme vingt ans auparavant Jeanne d'Arc, au sacre de Reims. C'était Jacques Cœur, dont le patriotisme , non moins que l'épée des braves , avait aidé à repousser les ennemis de la France.

» Cependant l'immense fortune de ce grand citoyen, qu'augmentaient chaque jour encore d'heureuses spéculations, avait excité la cupidité des courtisans. On ne pouvait lui pardonner une opulence qui lui permettait d'acheter des terres et des seigneuries renfermant, comme celle de St-Fargeau, par exemple, jusqu'à vingt-deux paroisses. Ses ennemis et ses envieux parvinrent à le perdre. Charles vii, qui lui avait confié plusieurs missions diplomatiques, et qui plus d'une fois avait eu recours à sa bourse, ne sut point le défendre. Oubliant les services de Jacques Cœur, il eut la faiblesse de l'abandonner à d'avides courtisans qui se partagèrent ses dépouilles. Accusé de différents crimes imaginaires, l'infortuné négociant fut jugé par une commission composée de ses ennemis ; et reconnu coupable sur tous les chefs d'accusation , il fut, comme tel, condamné à la peine de mort. Toutefois le roi, en considération de ses services , et à la recommandation du pape Nicolas v , voulut bien commuer la peine capitale en une somme de quatre cent mille écus d'indemnité en faveur du trésor royal, indépendamment de la confiscation de ses biens. Il devait en outre faire amende honorable à la porte d'une église, et puis être banni à perpétuité du royaume.

» Ce jugement inique réduisit Jacques Cœur à la misère. Quoique banni de France , il reçut l'ordre de se retirer dans un couvent de Cordeliers de Beaucaire : il y demeura comme en prison sous la sauvegarde du roi. Etant parvenu à s'évader, il se rendit à Rome , où le pape l'accueillit selon son mérite , et le logea dans son propre palais. Calixte iii , ayant résolu de porter la guerre chez les infidèles, confia le commandement d'une partie de sa flotte à Jacques Cœur. Notre illustre commerçant, consultant son zèle plutôt que ses forces, accepta avec empressement une mission si honorable, et entra bientôt en campagne contre les Turcs : mais il tomba malade en traversant l'Archipel. Forcé de s'arrêter dans l'île de Chio, il y mourut au mois de novembre 1456, après avoir recommandé ses enfants à son faible et ingrat souverain. Son corps, transporté à Mitylène, dans l'île de Lesbos, fut enterré dans une église chrétienne.

» La France du xve siècle fut donc injuste envers Jacques Cœur, comme elle l'avait été envers Jeanne d'Arc, son illustre héroïne. Il est triste de rencontrer dans notre histoire deux exemples si voisins d'une inique sentence rendue contre d'insignes bienfaiteurs de leur pays. Cette grande injustice, au reste, n'a pas peu contribué à rendre plus célèbre le nom de notre commerçant. Quoiqu'il en soit, Jacques Cœur, recommandable par son amour pour sa patrie et pour le bien public en général, est un des hommes les plus remarquables de son siècle. Personne n'entendit mieux que lui le commerce maritime, comme le prouve le résultat de ses opérations mercantiles avec le Levant et les côtes d'Afrique. Il a laissé des exemples qui n'ont pas été perdus; après lui l'industrie commerciale, suivant la grande impulsion qu'il lui avait donnée, ne s'arrêta plus en France. Il rendit en outre d'importants services à l'Etat dans sa charge *d'argentier;* et si, pendant son ministère, il ne put rétablir les finances, la faute en est aux malheurs du pays après les longues guerres contre les Anglais, bien plus qu'à son incapacité ou à sa mauvaise foi. Plus instruit que la plupart de ses contemporains, ce premier négociant de son temps avait rédigé des *Mémoires et instructions pour policer la maison du roi et tout le royaume*. On lui doit aussi un *Dénombrement ou calcul des revenus de la France*.

» Charles VII ne voulut point accorder aux enfants de Jacques Cœur la révision du procès de leur père : cet honneur était réservé à Louis XI, son successeur. Des lettres patentes de ce monarque réhabilitèrent enfin la mémoire de l'illustre argentier ; et la famille de Jacques Cœur rentra dans ses biens. Aujourd'hui son nom, trop peu connu, est cependant honoré, vénéré en France. Il est partout en grand honneur dans l'ancienne capitale du Berri, où l'on voit encore la *maison de Jacques Cœur*, qui passait de son temps pour la plus belle du royaume. Cet édifice, religieusement conservé et restauré, sert aujourd'hui d'hôtel-de-ville et de palais-de-justice. A son aspect, tout ami de nos vieux souvenirs doit se dire avec émotion : Là demeurait jadis le plus habile négociant et un des plus grands personnages du xvᵉ siècle.

TROISIÈME SOIRÉE.

**Benvenuto Cellini. — Pinaigrier. — Frère Guillaume
et frère Claude (16ᵉ siècle).**

» Mes amis, dit M. de Kervenant, en ouvrant ce troisième entretien, nous entrerons aujourd'hui dans le xvɪᵉ siècle, bien plus fécond que le précédent en artisans célèbres. Vous le voyez, dans notre marche nous suivons autant que possible l'ordre des temps. Il en résulte, il est vrai, que nous passons d'un sujet à un autre sans transition aucune. C'est peut-être un défaut ; mais notre plan le veut ainsi... Après tout, je ne fais point ici l'histoire générale de l'industrie, sujet beaucoup trop vaste pour nos simples entretiens ; mais seulement celle de quelques hommes qui brillent dans ce champ immense au-dessus des autres; à peu près comme vers le temps de la moisson, vous voyez quelques épis dominer tous les autres dans vos champs de blé, et réjouir les yeux du moissonneur.

» Aujourd'hui donc, puisque nous voici au xvɪᵉ siècle, nous dirons quelques mots d'un illustre

orfèvre italien , qui naquit tout justement la
première année de ce siècle. L'art de travailler
l'or et l'argent , et de faire prendre à ces métaux précieux les formes les plus variées, est
fort ancien ; les Romains l'avaient porté à un
haut degré de perfection. Nous avons déjà parlé
du grand saint Eloi, le patron de ce bel art.
Sous un si haut patronage , l'orfévrerie a fait
des merveilles en France. Au moyen-âge, la
piété des fidèles favorisa singulièrement ses progrès. Quoi de plus délicat que le travail de ces
châsses, de ces reliquaires, de ces vases et autres
ornements d'église , fabriqués dans les différents
siècles de cette époque religieuse ! On en rencontre encore dans certaines contrées quelques
débris échappés aux ravages du temps, ou à la
cupidité ou à l'impiété des hommes. Mais nous
ignorons les noms de tous ces pieux artistes qui
sanctifiaient leurs loisirs à l'ornement des églises ;
les annales du moyen-âge semblent presque
muettes sur ce point. A grand'peine, découvre-t-
on aux viiie et ixe siècles, les noms de deux cha-
noines de Sens , *Bomelin* et *Bernuin*, qui con-
struisaient une table d'or enrichie de pierreries
gravées et d'inscriptions. Sous le règne de Philippe le Hardi, à la fin du xiiie siècle, un orfèvre,
nommé *Raoul* , renommé pour sa rare habileté

dans son art, et anobli pour cette raison, fut, dit-on, le premier exemple en France, d'anoblissement de la classe industrielle. En 1330, l'orfévrerie fut érigée en corps par Philippe de Valois, qui lui donna des statuts et des armoiries. Plus tard, le roi Jean 1er permit à cette corporation de construire une chapelle sous les nom et invocation de *Saint-Éloi.*

» Enfin, sous François 1er, le grand protecteur des lettres et des arts, parut le florentin *Benvenuto Cellini,* artiste du premier ordre, auquel l'orfévrerie dut un éclat qu'elle n'avait pas eu jusqu'alors, et qui n'a peut-être jamais été égalé depuis.

» Cet artiste, d'une si haute renommée, était né à Florence, l'an 1500. Son père, pauvre musicien attaché à la cour, fut si heureux de sa naissance, dit-on, qu'il lui donna le nom de *Benvenuto* ou le *Bienvenu.* On voulut en faire aussi un musicien ; mais le jeune homme manifesta une répugnance invincible pour cet art : plus tard cependant, chose bizarre, on le voyait quitter les travaux les plus urgents pour passer des journées entières à jouer de la flûte. C'est que cet artiste était capricieux, fantasque au dernier point : il était aussi d'un caractère fier, querelleur, orgueilleux, qui lui attira bien des aventures et causa son malheur. Ce n'est donc

point précisément un modèle de conduite que je
vous présente ; je mets sous vos yeux un homme
qui, malgré ces travers, fut roi dans son art. A ce
titre il a droit à notre admiration. Un amateur
anglais, voyageant en Italie au siècle dernier, a
payé, dit-on, huit cents louis une tasse d'argent
ciselée par l'artiste dont je vous parle. C'est assez
vous dire quel prix on a de tout temps attaché à
ses ouvrages.

» Les leçons de son père le musicien lui
paraissant insupportables, Benvenuto Cellini
abandonna sa famille, et vint à Pise, où il
se plaça chez un orfèvre, qui reconnut bientôt les dispositions merveilleuses de son jeune
apprenti. Devenu l'un des plus habiles ciseleurs
de son siècle, Benvenuto revint à Florence ;
mais il y resta peu de temps. S'étant rendu à
Rome, il acquit dans cette capitale une grande
renommée. Le pape lui-même, admirateur de
son talent, lui confia la direction de sa monnaie et l'exécution de nombreuses médailles.

» Benvenuto, dès sa jeunesse, n'eut point
d'égal dans l'orfévrerie, dit un écrivain de son
temps, de même que pour exécuter les petites
figures en ronde bosse et en bas-relief, et tous
les autres ouvrages de cette profession. Il monta
si bien les perles fines et les orna de chatons

si merveilleux , de figurines si parfaites, et quelquefois si originales et d'un goût si capricieux, que l'on ne saurait imaginer rien de mieux [1]. »

» Cet artiste aurait donc pu vivre heureux ; mais il fut comme l'artisan de ses propres malheurs, par suite de cette humeur indépendante et bizarre dont nous parlions tout à l'heure. On le voyait à tout propos les armes à la main. Il raconta lui-même , dans de curieux *mémoires* sur sa vie , diverses aventures parfois sanglantes qui lui survinrent , et dont il se glorifie comme d'autant de titres d'honneur. Il lui arriva une fois de soutenir un siège dans sa maison contre les gardes envoyés pour le saisir. Son talent lui faisait ensuite obtenir grace pour des méfaits trop ordinaires d'ailleurs dans les temps d'agitation où il vivait. Un jour pourtant, son courage fut employé plus utilement. Le pape Clément VII , assiégé dans Rome par le connétable de Bourbon, lui confia la défense du château Saint-Ange, où il s'était réfugié. Benvenuto , comme un brave général, s'acquitta dignement de cette noble mission ; il se vante lui-même , dans une histoire de sa vie , d'avoir tué le connétable d'un coup d'arquebuse.

» Mais nous n'avons à considérer ici que l'ar-

[1] Vasari.

tiste. Après plusieurs voyages à Naples, à Florence, à Venise, et enfin à Paris, où le roi François Ier chercha vainement à le fixer, Benvenuto revint à Rome, s'y livra à divers travaux qui accrurent encore sa renommée. Il fit pour le pape Clément VII un bouton de chape, dans lequel il représenta un Père éternel et d'autres sujets d'un travail admirable. Le même pontife lui ayant commandé un calice d'or dont la coupe devait être supportée par les vertus théologales, il conduisit à bonne fin cet ouvrage, l'une des merveilles de l'art. Après la mort de Clément VII, Benvenuto retourna à Florence, où le duc Alexandre de Médicis mit à l'épreuve son incomparable talent. Enfin il s'adonna à la sculpture et à l'art de fondre les statues, où il excella également.

» De retour à Rome, sous le pontificat de Paul III, Benvenuto lassa, par ses bizarreries, la patience de ce pontife, qui le fit enfermer. On l'accusait d'avoir, pendant le sac de Rome, détourné et volé les joyaux de la couronne pontificale. L'artiste nous peint son désespoir en se voyant prisonnier, et nous raconte ses tentatives d'évasion. Ces récits émouvants sont une des parties les plus intéressantes de ses *mémoires*. Quoiqu'il se fût justifié, il ne sortit cependant de prison que sur les instances du roi François Ier. Ce prince l'attira en France, l'accueillit avec distinction et lui fit don du château de Nesle pour sa demeure. Plein d'admiration pour les talents de Benvenuto Cellini, le monarque, ami des arts, le combla de bienfaits. Ce grand artiste exécuta en France, surtout au château de Fontainebleau, une foule de chefs-d'œuvre en bronze, en argent et en or; sauf deux ou trois débris dispersés, ils sont tous devenus la proie des révolutions. Mais les manières hautaines et fantasques de Benvenuto lui avaient fait de nombreux ennemis. Il quitta donc la France, où il vivait heureux, pour retourner dans sa ville natale.

» De retour à Florence, Cellini travailla pour le duc Cosme de Médicis, qui lui commanda plusieurs pièces d'orfévrerie et ensuite quelques sculptures. La fameuse statue en bronze de *Persée tenant en main la tête de Méduse*, qu'on voit encore devant le palais ducal, et un *Christ* en marbre de grandeur naturelle, qu'il fit pour la chapelle du palais, excitèrent alors la plus vive admiration. On ne pouvait comprendre qu'un artiste appliqué durant tant d'années à ciseler de petites figurines eût pu mener ainsi à bonne fin une statue d'une si énorme dimension que celle de Persée. « Ce colossal Benvenuto Cellini, dit à ce sujet un juge très-compétent, est aussi parfait dans l'exécution de ses bronzes gigantesques que dans le travail microscopique du fermail de la chape de Clément VII. »

» Malgré tant d'admirables travaux, la vieillesse de Cellini ne fut pas heureuse : ses rivaux l'accablèrent de persécutions. Il mourut enfin à Florence en 1570, dans un état, dit-on, voisin de la misère. On a de lui, outre de curieux mémoires, un *Traité sur la sculpture et la manière de travailler l'or*, qui est fort estimé.

» L'art de l'orfévrerie, comme tous les autres arts ou industries, s'est très-perfectionné en France. On cite, au dix-septième siècle, *Claude Ballin* et *Pierre Germain*, parmi les orfèvres qui ont joui du plus brillant renom. De nos jours les *Odiot*, les *Froment Meurice* et quelques autres, soutiennent avec éclat la haute renommée de notre pays dans cette branche de produits....

» J'ai résolu de vous parler aujourd'hui d'un artiste ou artisan d'un autre genre, qui fut contemporain de celui dont nous venons d'esquisser l'histoire. Son nom, trop peu connu, mérite pourtant de l'être. Rappelons donc son souvenir; écoutez-moi ici attentivement.

» Qui de vous, mes amis, s'il a quelque peu

voyagé, n'a contemplé avec admiration les belles verrières de nos cathédrales, ces magnifiques vitraux qui font dans nos temples un demi-jour si favorable au recueillement, à la prière ? C'est là sans contredit l'un de leurs principaux ornements. Mais, hélas! le secret de ces merveilles semble aujourd'hui perdu. L'art moderne a bien essayé, par des procédés nouveaux, de ressusciter ces anciennes peintures sur verre, à l'ombre desquelles nos pères ont tant de fois prié : il n'a réussi, dirait-on, qu'imparfaitement ; les travaux d'aujourd'hui dans cette branche de l'art semblent toujours, à certains égards du moins, inférieurs à ceux de nos devanciers. Quels sont-ils donc ces artistes qui ont ainsi décoré nos églises d'une ornementation si riche et si brillante ? On l'ignore le plus souvent ; leurs noms même sont restés inconnus. Les écrivains contemporains, alors même qu'ils témoignaient de l'admiration pour leurs ouvrages, gardent le silence sur leur histoire. Les *peintres verriers* ont partagé le sort d'une multitude d'artistes français du treizième au seizième siècle, dont les œuvres, chères aux amis des arts, sont le seul monument qui atteste leur passage.

» Il est pourtant quelques-uns de ces hommes habiles et modestes sur lesquels l'ombre de l'oubli n'a point passé entièrement. Tel est, par exemple, Robert Pinaigrier, dit *le bon Pinaigrier*, à cause sans doute de ses bonnes qualités. Né à Tours ou dans les environs de cette ville vers l'an 1490, il se sentit entraîné de bonne heure par un goût irrésistible vers l'art de la peinture sur verre, et il lui consacra toute son existence. D'habiles maîtres dirigèrent ses études; mais, ne se bornant point à l'instruction qu'il pouvait acquérir dans son pays, il alla, étudier l'art du dessin en Italie, où florissaient alors des maîtres plus célèbres encore. A son retour, il orna de vitraux l'église de *Saint-Hilaire* de Chartres. Ces peintures furent le premier ouvrage qui fonda la réputation de Pinaigrier. L'église de Saint-Hilaire, après avoir subi plusieurs dévastations à la fin du siècle dernier, a été démolie au commencement du siècle actuel; mais le zèle intelligent des magistrats de la cité a su préserver d'une ruine totale ce qui restait des ouvrages à demi-détruits de *Pinaigrier*. Ces débris forment aujourd'hui deux vitraux placés dans l'église de *Saint-Père* ou Saint-Pierre de la même ville, aux deux côtés de la chapelle de la Vierge, derrière le chœur.

« Un des tableaux de *Saint-Hilaire* de Chartres, dit un savant, présentait une de ces conceptions bizarres que la piété peu éclairée des âges précédents avait avidement recherchées, et dont le beau siècle de François Ier offre encore plus d'un exemple. C'était une allégorie dont l'objet était de rendre sensible le bienfait de la Rédemption. On y voyait le corps du Sauveur couché sur un pressoir : le sang en ruisselait de tous côtés ; les évangélistes recueillaient cette précieuse liqueur ; les docteurs de l'Eglise en remplissaient des barriques qu'ils transportaient sur une charrette conduite par un ange ; des papes, des rois, des évêques, des cardinaux renfermaient ces barriques dans des caves ou les distribuaient aux peuples. Dans le fond étaient des patriarches qui labouraient une vigne ; les prophètes cueillaient le raisin ; les apôtres le portaient au pressoir ; saint Pierre le foulait. Les têtes des principaux acteurs étaient des portraits ; on y reconnaissait Léon x, François Ier, Charles-Quint, Henri VIII et d'autres personnages illustres du même temps. Ce tableau singulier obtint une grande réputation ; il fut copié sur les vitraux de plusieurs autres églises [1]. »

» Tel était l'esprit de nos pères. Gardons-nous

[1] Emeric David. *Notice sur Pinaigrier.* — Ce sujet du pressoir mystérieux avait été adopté par diverses confréries de marchands de vin.

aujourd'hui de mépriser ces représentations naïves. Présentés sous ces formes simples, grossières même en apparence, les mystères de notre foi étaient mieux compris, mieux appréciés, et se gravaient plus profondément dans le cœur des peuples. Le but chrétien de l'art était donc atteint ; ces beaux ornements de nos églises devenaient autant d'auxiliaires puissants de la parole sainte qui résonnait sous leurs voûtes. Nos peintures modernes sont sans doute préférables sous plus d'un rapport ; mais celles dont nos temples sont décorés, atteignent-elles toujours aussi bien ce noble but, auquel aspiraient nos vieux peintres verriers ?

»Pinaigrier, étant venu à Paris, enrichit successivement de ses ouvrages l'église de l'abbaye de *Saint-Victor*, celles de *Saint-Jacques de la Boucherie*, de l'*Hospice des Enfants rouges*, de *Saint-Gervais*, de *Saint-Méderic* ou *Merry*. La plupart de ces églises n'existant plus, avec elles ont péri les beaux vitraux du célèbre peintre, à moins que des amis des arts n'en aient sauvé quelques débris. Ceux de l'église de St-Victor, regardés long-temps comme les meilleurs de Pinaigrier à Paris, représentaient des scènes de l'*Enfant prodigue*, la *Résurrection de Lazare*, la *Cène*, et quelques traits de la *Vie de saint Léger*. Sur les vitraux de l'*Hospice des Enfants rouges*, on voyait l'*Entrée de Jésus-Christ dans Jérusalem* et le *Sauveur bénissant les petits enfants.* Toutes ces peintures, au dire des historiens, étaient remarquables par la naïveté des attitudes, la vérité des contours, l'expression des têtes et la richesse du coloris.

» Tous ces beaux ouvrages n'existent plus. A *Saint-Gervais* et à *Saint-Merry* de Paris, nous pouvons du moins contempler encore quelques-uns des chefs-d'œuvre de Pinaigrier. Les vitraux de la chapelle de la Vierge, dans la première de ces églises, nous présentent l'histoire de l'humble fille de Nazareth, représentée avec tous les genres de mérite qui distinguent les œuvres de cet habile peintre. A St-Merry, c'est l'*histoire du patriarche Joseph*, que l'auteur a représentée dans une suite de vitraux plus admirables encore. C'est ici surtout que son style a le plus de force, d'éclat et de majesté : à la vue de ces belles verrières qui retracent si bien l'histoire touchante du bien-aimé fils de Jacob, l'ami des arts ne peut s'empêcher de donner un pieux souvenir au *bon Pinaigrier.* Pourquoi la main des hommes, plus barbare que celle du temps, n'a-t-elle point respecté les autres œuvres de ce grand artiste ? Il en a été un peu de Pinaigrier comme d'une multitude d'autres maîtres. Après avoir consacré exclusivement leurs talents à des œuvres saintes, à peine offrent-ils aujourd'hui à notre admiration quelques fragments de leurs ouvrages, à peine connaissons-nous leurs noms. Que ces noms du moins nous soient comme sacrés ; honorons d'un culte pieux ces artisans trop oubliés, dont leurs contemporains et Dieu , pour lequel ils travaillaient, ont seuls connu les talents et les vertus. A ceux qui ont accru la majesté de nos temples, et facilité l'essor de nos prières vers le trône du Roi du Ciel, ne devons-nous pas un hommage de reconnaissance et d'amour ?

» Pinaigrier laissa trois fils, qu'il avait instruits dans son art et qui perpétuèrent son nom avec ses travaux et sa renommée [1].

» Avant de clore ce sujet, faisons une petite excursiou en Italie , et contemplons-y, se livrant ensemble à d'admirables travaux, deux célèbres peintres verriers, nés aussi en France, et

---

[1] Ces trois fils étaient Nicolas, Jean et Louis. Nicolas fut le plus habile. On lui attribue deux beaux vitraux représentant le *Portement de croix* et le *Jugement dernier*, que l'on voit encore à Saint-Aignan de Chartres. Un second Nicolas Pinaigrier, petit fils de Robert, s'illustra dans le dix-septième siècle. A l'église de Saint-Etienne-du-Mont, il exécuta une copie du pressoir mystérieux de saint Hilaire de Chartres.

contemporains de Pinaigrier. L'un, dit le *frère Guillaume*, naquit à Marseille, en 1475. Il apprit dans nos provinces l'art de peindre sur verre au feu et par apprêt, et devint en peu de temps très-habile dans cet art, dans lequel se sont illustrés un grand nombre d'artistes français, dès le 11e et le 12e siècles. Etant entré dans l'ordre des Dominicains, il s'affilia à la maison de Marseille. Là se trouvait alors le *frère Claude*, l'homme le plus habile de son temps dans le même genre. Une étroite amitié lia bientôt les deux artistes. Frère Claude, ayant été appelé à Rome par l'architecte Bramante pour orner de vitraux les fenêtres du Vatican, emmena Guillaume avec lui. Les deux maîtres français éxécutèrent d'abord ensemble dans le palais du pape plusieurs beaux vitraux, qui furent brisés lors du sac de Rome en 1527; dans deux autres qu'on voit encore dans l'église *Sainte-Marie du peuple*, ils peignirent ensuite six sujets puisés dans l'histoire de la sainte Vierge. Ces deux vitraux ont conservé toute la vivacité de leur coloris : aussi se plaît-on à dire, non sans raison, que ces peintures paraissent divines et vraiment descendues du ciel. Frère Claude mourut peu de temps après avoir terminé ce merveilleux ouvrage. Guillaume lui survécut et s'illustra par de nouveaux travaux. Il agrandit son style en étudiant Michel-Ange et l'antique, et surpassa peut-être Claude, en se surpassant lui-même. Son premier ouvrage dans sa grande manière fut un vitrail peint à Rome pour l'église de *Sainte-Marie dell anima*. Appelé ensuite successivement à Cortone, à Arezzo, à Florence, il orna ces trois villes de vitraux qui excitèrent une vive admiration. Pérouse, Castiglione et d'autres villes s'enrichirent également de ses brillants ouvrages. On peut citer comme ses chefs-d'œuvre, tous ceux de la cathédrale d'Arezzo, le *Baptême de Jésus-Christ*, la *Résurrection de Lazare*, les *Vendeurs chassés du temple*, et par-dessus tout, un vitrail conservé dans l'église de Saint-François de la même ville, représentant *le pape Innocent* III *approuvant, au milieu de son consistoire, la règle des frères mineurs*.

» Frère Guillaume cultiva également l'architecture, la peinture à l'huile et à fresque. A cinquante ans, cet artiste étudiait encore, s'appliquant chaque jour à agrandir et à épurer son style. On ne saurait trop louer ses vitraux, dans lesquels on admire tout ensemble la noblesse et la correction du dessin, la vivacité de l'expression, la vérité de la perspective, l'éclat et l'harmonie du coloris. Cet artiste, trop peu connu en France, est cependant un de ceux dont la France doit le plus s'honorer. Il mourut en 1537, à l'âge de 62 ans. De son école sont sortis plusieurs peintres sur verre, qui ont acquis de la célébrité. On l'appelait à Rome et dans l'Italie *le prieur Guillaume*. « Le prieur, dit un biographe des *Peintres célèbres*, mérite des louanges infinies ; car c'est à lui que la Toscane doit l'avantage d'avoir porté l'art de peindre sur verre au plus haut degré de délicatesse et de perfection où il semble possible d'atteindre [1]. »

« Maintenant, ajouta ici le savant magistrat, j'aurais à vous parler d'un simple artisan qui fut aussi d'abord peintre verrier, mais qui est beaucoup plus célèbre comme potier en terre. Il eut à lutter long-temps contre bien des obstacles. Sa patience et ses persévérants travaux surent tous les dompter. Sa vie est pleine d'enseignements utiles..... Mais voilà qu'il se fait tard... à notre prochain entretien donc, l'histoire du potier *Bernard Palissy*. »

[1] Vasari *Vie des Peintres célèbres.*

—❖—

QUATRIÈME SOIRÉE.

Bernard Palissy (16ᵉ siècle).

« Bernard Palissy naquit vers l'an 1500 à la Chapelle-Biron , petit village voisin de Biron et de Montparier sur les limites du Périgord et de l'Agenais. Ses parents étaient si pauvres, dit-on, qu'ils ne purent donner presque aucun soin à son éducation. Il apprit cependant à lire et à écrire , ce qui était déjà beaucoup pour ce temps-là. Un arpenteur venu dans le pays pour lever quelques plans, ayant remarqué la précoce intelligence de cet enfant et l'attention qu'il prêtait à ses travaux, demanda à ses parents et obtint de le prendre en apprentissage. Le jeune Bernard fit de si rapides progrès dans la géométrie pratique, qu'il fut bientôt regardé lui-même comme un habile arpenteur. On avait souvent recours à lui pour dresser le plan des propriétés litigieuses. Ces premiers travaux lui procurèrent une sorte d'aisance; mais ce labeur était loin de suffire à son activité dévorante. Il y joignit bientôt une autre occupation qui fournit à son génie naissant un aliment fécond, et fut la source de sa haute renommée.

» L'habitude de tracer des lignes et des figures géométriques lui avait inspiré de bonne heure le goût du dessin. Il développa ce goût en copiant les ouvrages des grands maîtres de l'Italie. La peinture sur verre l'occupait principalement. On le crut bientôt, comme il le raconte naïvement, *plus savant en l'art de peinture qu'il ne l'était réellement.* Aussi venait-on le chercher de tous les pays voisins, soit pour peindre des images, soit pour tracer des plans, ou pour orner de vitraux les églises ou les châteaux des grands seigneurs.

» Avec les faibles ressources que lui avait procurées son talent, Bernard Palissy visita les principales provinces de France, examinant les monuments antiques et faisant partout sur les diverses espèces de terres et de pierres qu'il rencontrait, des observations ingénieuses. La sagacité de ces remarques étonne encore aujourd'hui, malgré les progrès incontestables des sciences naturelles. Son goût pour les minéraux s'étant accru par ses voyages, Palissy voulut étudier la chimie, afin de connaître la composition et les propriétés des divers objets qui forment le règne minéral. Mais comment étudier une science qui n'existait point encore ? La véritable chimie est en effet bien postérieure à cette époque ?... Palissy dut se contenter de visiter les laboratoires

des alchimistes et des pharmaciens. Il devina plutôt qu'il n'apprit les recettes de quelques *arcanes*
ou secrets qui formaient alors toute la science.
Après avoir terminé ses voyages, il vint, en 1539,
s'établir à Saintes ou dans les environs de cette
ville, se maria, et pendant quelque temps il
vécut, avec sa famille, du produit de son talent
pour la peinture.

» Mais son imagination ne restait point oisive :
une circonstance fortuite vint donner à son activité un nouvel aliment. Un jour, une coupe de
terre, tournée et émaillée, d'une grande beauté,
tomba entre ses mains. Il ne put se lasser de
l'admirer. « Oh ! se disait-il en lui-même, si je
pouvais trouver le secret de la composition de
l'émail, cette découverte nous donnant plus d'aisance, me permettrait de mieux élever mes enfants. Dominé par ces pensées, il ne rêva plus
dès lors que le moyen de réaliser ce vœu de sa
légitime ambition.

» Palissy abandonna donc la peinture sur
verre qui, bien qu'improductive, assurait cependant son existence et celle de sa famille.
On le vit consacrer tous ses instants à pétrir
la terre et à la recouvrir de préparations inconnues dont il attendait d'heureux résultats. Il varia
ces essais à l'infini, allant tantôt chez les potiers,

tantôt chez les verriers, pour essayer ses émaux à leurs fours. Mais ses expériences ne réussissaient point au gré de ses désirs. Il eut bientôt dépensé toutes ses économies en labeurs infructueux; il ne se découragea point néanmoins. « La science, disait-il, se manifeste à qui la cherche; mais il faut avant tout, pour y réussir, être *veuillant*, agile, positif et laborieux. » Ayant été chargé en 1543 de lever la carte des marais salants de la Saintonge, il retira de ce travail une somme assez ronde, qu'il n'hésita pas à consacrer à de nouvelles expériences. Elles ne réussirent pas mieux que les précédentes. Palissy, toujours subjugué par son idée, emprunta de l'argent pour faire construire un nouveau fourneau; et, comme le bois lui manquait, il brûla, dit-on, les tables et les planchers de sa maison pour terminer l'opération. Il renvoya ensuite l'ouvrier qui l'avait aidé à préparer ses terres, et, faute d'argent, il lui donna en paiement une partie de ses habits.

» La misère avait donc établi sa triste demeure au foyer de Bernard Palissy. Il était alors dans un tel état de dénûment, qu'il n'osait plus sortir, dans la crainte d'être exposé aux railleries de ses voisins et de ses compatriotes. Il faut lire, dans son *Traité de l'art de la terre*, les détails de tous

les maux qu'il eut à souffrir, racontés avec une
touchante naïveté bien propre à intéresser en
sa faveur. Il eût été moins à plaindre cependant,
si le malheur l'eût atteint seul. Mais autour
de lui, sa femme, ses enfants souffraient également. Il tremblait de rencontrer les regards
de ces êtres chéris dont la maigreur semblait
l'accuser d'insensibilité. Palissy avait à lutter
contre les plaintes de sa femme, qui lui re-
prochait de négliger pour des chimères son
premier état, et le conjurait avec des larmes
de reprendre cet honnête métier de la peinture, qui assurait au moins du pain à sa famille.
Palissy avait à braver également les représentations de ses amis, de ses voisins, qui le traitaient
de *fou*, de *sorcier*, ou tout au moins de *fabrica-
teur de fausse monnaie*. Mais rien ne pouvait
ébranler la tenacité de cet homme, ferme comme
un roc, en présence de l'avenir brillant qui sou-
riait à son génie.

» Ne vous semble-t-il pas, mes amis, que
la prudence humaine aurait dû être ici écoutée,
et que Palissy eût été plus sage en effet de reprendre sa peinture sur verre, dont le modeste
gain assurait son existence avec celle de ses enfants? Mais le génie n'écoute rien ; c'est comme
un feu dévorant qui brûle dans un cœur, sans

qu'aucun obstacle puisse l'arrêter , et qui rompt toutes les barrières pour se dilater et s'étendre. Dévoré de chagrin , mais affectant néanmoins un air riant , Palissy persista donc toujours dans la poursuite de ses expériences. Il arriva enfin au résultat qu'il avait si longtemps attendu. Après plus de seize années d'essais infructueux , en 1555, cet ouvrier laborieux découvrit un jour la composition de l'émail : bientôt ses belles poteries le firent connaître de la manière la plus avantageuse. Le roi Henri II, et, à son exemple les plus grands seigneurs s'empressèrent à l'envi de lui demander des vases et des figures pour l'ornement de leurs jardins. Le connétable de Montmorency le chargea de décorer son château d'Ecouen près Paris, où jusque dans ces derniers temps on admirait encore plusieurs de ses ouvrages.

» Palissy, honoré du titre d'*inventeur des rustiques figulines* [1], était donc arrivé enfin sur le chemin de la renommée et de la fortune : il y marcha à grands pas. Appelé à Paris, et logé aux *Tuileries*, qui du reste n'étaient point alors ce beau palais d'aujourd'hui , il n'était plus connu que sous le nom de *Bernard des Tuileries*. Comblé d'honneurs et réalisant des gains

---

[1] *Figulina*, en latin signifie toute sorte d'ouvrages de poterie.

considérables, l'ancien ouvrier de Saintes re-
merciait la Providence qui avait enfin écouté
ses vœux et ouvert un libre essor à son génie.
Il poursuivait ses travaux avec ardeur et fabriquait chaque jour ces belles poteries qui furent
bientôt recherchées par toute la France. On
doit le regarder comme le père de nos arts
céramiques, c'est-à-dire de ceux qui concernent
ce genre d'ouvrages, comme la *faïence*, la *por-
celaine*, etc. Mais là ne se bornent pas les services
rendus à notre pays par cet homme laborieux autant qu'habile.

» Bernard Palissy étudia aussi en savant les
monuments de l'antiquité ; il fit sur les terres,
les pierres et les métaux des observations pleines
de justesse. Il employait ses loisirs à former un
cabinet d'histoire naturelle, le premier qu'on
ait vu à Paris : il en avait disposé toutes les parties d'après une méthode si simple et si conforme
aux principes de la nature, qu'on s'étonne justement qu'on ne l'ait pas imité depuis. Jaloux de
faire part à ses concitoyens des trésors de science
qu'il avait amassés avec tant de fatigues et de
patience, il ouvrit lui-même un cours d'*histoire
naturelle et de physique*. Ce cours public fut suivi
avec empressement. Palissy eut l'honneur d'avoir
le premier en France, dans l'enseignement de

cette science, substitué aux vaines explorations des anciens philosophes des faits positifs et des démonstrations rigoureuses. Les hommes les plus éminents assistaient à ses leçons, qu'il continua pendant près de dix années avec un succès toujours croissant. Il donna alors les premières notions de l'origine des fontaines, de la formation des pierres, et de celle des coquilles fossiles, que les physiciens d'alors regardaient comme un simple jeu de la nature, et qu'il démontra être de véritables coquilles déposées par la mer. Il exposa une foule d'autres faits curieux qui depuis ont acquis le dernier degré d'évidence.

A un génie extraordinaire, Palissy joignait beaucoup de probité, de candeur et de bonté, et une âme forte; il était très-savant quoiqu'il ne sût ni grec ni latin, et son style simple et clair est en même temps remarquable par sa vivacité et son énergie.

» Pourquoi faut-il maintenant que nous mêlions, au récit d'une vie si pleine de beaux exemples et d'enseignements utiles, quelques pensées tristes et qui font ombre à ce tableau? Palissy, malgré ses talents et ses vertus, ne put jouir en paix de sa renommée et de sa gloire; il fut persécuté et mourut en prison. Tel est trop souvent le sort des grands hommes; l'envie s'attache presque toujours à leurs pas. Cette fois cependant ce ne fut pas précisément l'envie qui vint tourmenter Palissy et causa ses derniers malheurs; il en fut lui-même en quelque sorte la cause regrettable.

» Palissy avait embrassé avec chaleur les principes de la prétendue réforme *protestante*. On dit même qu'il s'était associé à Saintes avec d'autres artisans pour former une église où chacun expliquait à sa manière les maximes de l'Evangile; comme si ces hommes sans mission, sans études approfondies, pouvaient s'arroger le droit d'expliquer une morale et des dogmes si sublimes!

» Palissy fut victime des fallacieuses doctrines des novateurs, et son esprit si juste et si droit d'ailleurs vint à s'égarer, lorsqu'il eut secoué le joug de la soumission à la sainte Eglise. Au milieu des troubles que suscitèrent les tristes querelles de religion, à cette époque, Palissy fut mis en prison, et il y mourut dans un âge avancé.

CINQUIÈME SOIRÉE.

**Gobelin. — François Traucat. — Olivier de Serres. —
Maître Adam de Nevers.**

« De simples artisans, dit M. de Kervenant au
début de cette nouvelle soirée, ont quelquefois
donné leur nom à ces beaux établissements de
notre capitale, que les étrangers nous envient et
contemplent avec admiration. Vous avez peut-
être entendu parler de la célèbre manufacture des
Gobelins, qui reproduit si bien sur la tapisserie
les chefs-d'œuvre de la peinture? Eh bien! ce nom
de *Gobelin* fut celui d'un simple ouvrier teinturier,
natif de Reims, et qui vivait au quinzième siècle.
Disons-en quelques mots, en empruntant une
page à l'auteur d'un bel ouvrage sur l'industrie.

» Il paraît que l'eau de la rivière de Bièvre,
qui baigne l'extrémité méridionale du faubourg
Saint-Marceau, était, au quatorzième siècle, très-
propre à la teinture ; aussi des drapiers et des
teinturiers s'y étaient-ils établis. La rivière de
Bièvre présentait alors l'aspect le plus pittoresque. Resserrée comme elle est encore aujour-
d'hui entre deux rangées de maisons et d'ateliers

de teinture, la petite rivière de Bièvre s'écoulait
tachetée de nombreuses couleurs, et les étoffes
nouvellement sorties de la chaudière, que la main
vigoureuse de l'ouvrier y plongeait chaque jour,
formaient bientôt des filets variés qui finissaient
par se perdre en des nuances les plus déliées.

» La petite rivière, ainsi bariolée, ressemblait
à une longue couche de minérai traversé par
des filons d'or et d'argent. On remarque encore
de nos jours, sur les bords de la Bièvre, une
maison à l'allure modeste et sans prétention.
Elle se fait distinguer par son architecture, qui
rappelle celle en usage au quinzième siècle. Cette
maison avait été bâtie, en 1450, par un teinturier, placé par son talent au rang des artisans
distingués que la fortune s'était plû à entourer
de ses faveurs. Cet ouvrier, ardent au travail,
avait su donner aux étoffes une teinture souple et
brillante. Il se nommait Jean Gobelin. La mode
s'attacha bientôt aux produits de l'heureux teinturier, et son commerce prit d'immenses déve-
loppements. Il occupait un grand nombre d'ouvriers pour pouvoir subvenir aux commandes
qui lui arrivaient de toutes parts.

» Jean Gobelin était un homme d'une haute
taille. L'aisance qui s'était introduit dans son
intérieur avait remplacé la rudesse de ses ma-

nières, et elle se reflétait sur son visage, par un air de noblesse et de dignité ; d'un caractère naturellement doux, jamais sa voix ne prenait une intonation plus haute que d'ordinaire. Sorti de la classe ouvrière, l'état fortuné où il vivait n'avait pu lui faire oublier qu'avant d'être maître il s'était penché bien souvent sur les eaux de la Bièvre pour laver les étoffes ; et, si le cœur eût failli chez lui au point de ne plus en conserver le souvenir, ses mains, sur lesquelles le travail avait imposé son cachet indestructible, auraient été pour lui un reproche de chaque jour. Au contraire, Jean Gobelin était l'ami des ouvriers, presque tous ses anciens camarades d'atelier.

» A la mort de Jean Gobelin, Philibert son fils, et Denise Lebret, son épouse, continuèrent sa profession, et surent augmenter la fortune qu'il avait rassemblée par une continuité assidue de travail. Leurs successeurs travaillèrent avec le même succès. Ils acquirent une telle célébrité au nom de *Gobelin* que le public l'appliqua au quartier où se trouvait leur établissement, et même à la rivière de Bièvre, qui le traversait [1].

» Gilles Gobelin, qui fut sans doute frère de Jean, est associé avec lui dans l'histoire à la fondation de ce premier établissement pour les

---

[1] *Les Artisans illustres*, par Edouard Foucaud.

teintures en laine. On doit, dit-on, à ces deux frères, natifs de Reims, le secret de la teinture en écarlate. La famille Canaye, qui succéda aux Gobelins, ne se borna pas à teindre les laines, elle commença, à ce qu'il paraît, à fabriquer des tapisseries de *haute-lisse ;* c'est-à-dire ces tapisseries dont la chaîne est tendue verticalement sur le métier. Déjà, dès le huitième siècle, des fabriques de ce genre existaient en France, fondées, par des ouvriers venus à la suite des armées de sarrasins que défit Charles Martel. On y fabriquait des tapis à la façon d'Orient, appelés *tapis sarrasinois.* Mais il y avait loin de ces premiers tapis aux beaux ouvrages de la fabrique des Canaye, ou de leurs successeurs, qui attira enfin sur elle l'attention du ministre Colbert, avec la protection spéciale du roi. En 1667, parut un édit qui procura un état stable à cet établissement, dont le célèbre Le Brun, premier peintre de Louis XIV, eut la direction. La *manufacture des Gobelins*, devenue propriété du gouvernement, est aujourd'hui le premier établissement de ce genre en Europe. Là des centaines d'ouvriers, le dos tourné à leur modèle, fabriquent ces belles tapisseries tant admirées, qui surpassent celles des Orientaux sous le rapport du dessin et de la composition. Ces magnifiques ouvrages, où l'on retrouve souvent de fidèles copies des tableaux des plus grands maîtres, vont ensuite décorer les appartements des princes, des monarques, ou revêtir le pavé de nos cathédrales.

»Mes chers amis, comme je vous l'ai dit, nous ne pouvons qu'effleurer en passant quelques épis prédominants dans ce vaste champ de l'industrie humaine, où il y aurait à récolter une si abondante moisson; nous devons donc passer rapidement d'un sujet à un autre, pour que je puisse vous mettre sous les yeux les hommes les plus éminents dans les différents genres.

» Voici maintenant deux agronomes célèbres du seizième siècle, qui méritent bien de fixer nos regards. Oh! mes amis, le cultivateur, l'agronome, l'agriculteur, l'homme des champs, n'importe sous quel nom on le désigne, celui enfin dont les soins et les labeurs intelligents, secondant les efforts de la terre, cette nourrice libérale de l'homme, l'enrichissent de nouveaux dons à notre usage; celui-là, croyez-le bien, est un artisan, un industriel grandement utile. Plus tard, nous parlerons de Parmentier, l'introducteur en France de la pomme de terre, et à qui l'on a érigé une statue. Voici en attendant deux hommes qui n'ont point reçu encore pareil honneur, mais qui cependant, dans une même industrie, ont rendu comme lui d'éminents services à leur pays : l'un était un simple jardinier de Nîmes; l'autre, un grand seigneur du Vivarais. Dans toutes les conditions on rencontre le génie de l'artisan.

» François Traucat naquit à Nimes, en Languedoc, dans la première moitié du seizième siècle, et embrassa l'état de jardinier dans cette ville. Il s'adonnait principalement à la culture des mûriers. Cet arbre, aujourd'hui si utile, si répandu, n'était encore qu'un objet de curiosité, dans les jardins de quelques amateurs opulents. Traucat reconnut quels bienfaits on pouvait en tirer. Les pépinières qu'il avait établies aux portes de la ville fixèrent bientôt l'attention des agronomes. Encouragé dans ses efforts par de puissants protecteurs, il redoublait chaque jour de zèle et de travail. Il sut découvrir les moyens de donner à la culture de cet arbre la plus grande extension possible, et, dans un *discours abrégé sur les vertus et propriétés du mûrier*, il en calcula tous les avantages avec une rare sagacité. Ses succès croissant de plus en plus, il dispersa, vers l'an 1564, dans les contrées du midi de la France les rejetons précieux de ses pépinières : en quelques années, il enrichit ainsi, dit-on, le Languedoc et la Provence, de plus de *quatre millions* de mûriers. Son zèle fut récompensé par une pension du roi, et l'autorisation *de planter des mûriers dans tous les endroits du royaume où il le jugerait à propos*. Dès lors sa réputation était répandue dans toute la France; la fortune commençait à le combler de ses faveurs. Pourquoi faut-il qu'une autre ambition, moins noble et désintéressée, soit venue plus tard arrêter en si beau chemin la destinée du célèbre jardinier de Nîmes?

» Hélas! oui, il en fut ainsi. Une tradition circulait alors dans la contrée. Un riche trésor, disait-on, était caché dans les ruines de la *tour magne*, antique monument romain, qui domine la ville, et servait jadis, selon quelques uns, de phare pour les navigateurs français. Traucat obtint du roi Henri IV la permission de faire, à ses propres frais, des fouilles dans ces ruines. Le tiers du trésor découvert devait devenir sa propriété; les deux autres parties étaient réservées au roi lui-même. Voilà donc notre jardinier qui se met à la piste du bienheureux trésor. De nombreux ouvriers sont occupés avec lui à fouiller en tous sens les débris de la *tour magne*. Leurs inutiles recherches ne rebutaient point notre homme; l'avide espérance soutenait son pénible labeur. Il consuma ainsi en efforts superflus la plus grande partie d'une fortune noblement acquise par ses rustiques travaux. Le trésor tant désiré ne se trouva point ; l'infortuné Traucat, moins prudent et moins heureux dans ces essais d'une nouvelle industrie, ajouta donc un nom de plus à la liste déjà si longue de tant d'autres avides spéculateurs, ainsi trompés dans leur chimérique attente. Ce nom, qu'il honora par d'utiles et précieux travaux, n'en doit pas moins figurer aux premiers rangs dans les annales de l'agriculture.

» Le second personnage dont je vous ai parlé, est *Olivier de Serres*, *seigneur du Pradel*, qui naquit en 1539 à Villeneuve-de-Berg, petite ville de l'ancienne province du Vivarais. On peut le regarder comme le *père de l'agriculture* en France. Il mérite ce titre surtout, quant à la culture du mûrier, qu'il appelait avec raison *un arbre rempli des bénédictions de Dieu*. Cet arbre, dont les feuilles sont la nourriture ordinaire du précieux insecte, dit *ver-à-soie*, parce qu'il est réellement le principal ouvrier de la soie, est en effet une source de bienfaits pour les habitants des contrées méridionales. A celui donc qui par son industrie intelligente en a étendu, propagé la culture, appartient le titre de bienfaiteur de son pays. Or, sous ce rapport, quel autre mérita mieux ce beau titre que l'agronome *Olivier de Serres !*

» Fatigué du spectacle des guerres civiles qui

de son temps désolaient la France, et auxquelles il avait eu le malheur de prendre part, le seigneur du Pradel se retira dans son domaine, et chercha une gloire plus noble et plus pure, en se mettant à la tête des bons travailleurs dans les campagnes, pour éclairer leur marche, et les guider dans de nouvelles voies, bien préférables à leurs habitudes routinières. La science, l'expérience et la raison le guidèrent lui-même dans tous ses travaux rustiques. Il exploita ainsi, avec de grands soins, pendant près de trente années, son domaine du Pradel ; et, au bout de ce temps, il publia un très-bel ouvrage, intitulé : *Théâtre d'agriculture et ménage des champs.* Le succès qu'obtint ce livre fut vraiment merveilleux ; et certes il le méritait bien. C'est un tableau complet de l'agriculture chez les anciens et chez les modernes ; rien de ce qui se rattache à cet art si utile, à ce premier des arts, n'y est oublié. On reconnaît que l'auteur avait lu, approfondi, médité, tout ce qu'on avait dit avant lui sur un pareil sujet. Son ouvrage, divisé en huit parties, offre dans son ensemble une tournure dramatique qui charme et intéresse vivement. On se représente toujours, suivant l'expression d'un biographe, un père de famille, jouissant d'une certaine aisance et ayant reçu une bonne éducation, qui fait valoir son domaine par les mains de ses serviteurs, et c'est lui-même qui se met ainsi en scène. Le *Théâtre d'agriculture* faisait, dit-on, les délices du roi Henri ɪv. Ce bon prince, plein d'estime pour l'auteur, lui donna plus d'une marque de bienveillante confiance.

» A cette époque la France faisait passer tous les ans chez les Italiens plus de quatre millions pour se procurer des étoffes de soie : Henri ɪv désirait vivement affranchir le royaume de cet énorme tribut, en y propageant cette utile branche d'industrie... Or, pour répondre à un si louable désir, Olivier de Serres, avant de publier son grand ouvrage, en avait composé un autre plus petit, sous ce titre : *De la Cueillette de la soie par la nourriture des vers qui la font :* c'était un traité de l'éducation des vers à soie. Henri ɪv honora son auteur d'une distinction bien flatteuse : il le chargea de la mission de réaliser les plans qu'il avait conçus à cet égard, et de faire élever des mûriers dans tous les jardins des châteaux de la couronne. Se trouvant à Grenoble, l'an 1600, à l'occasion d'une guerre de Savoie, ce monarque lui écrivit de cette ville une lettre qui lui fut portée par le surintendant général des jardins de France. Henri ɪv priait le savant cultivateur d'aider de ses conseils le porteur de cette missive. Olivier, s'empressant de satisfaire au désir de son prince , se mit lui-même à la recherche des meilleurs plants de mûriers ; il remplit cette utile mission avec tant de diligence, que , dès l'année suivante, il put faire planter plus de quinze mille mûriers blancs dans le jardin des Tuileries à Paris. A partir de ce moment l'industrie de la soie fut naturalisée en France. Dans la capitale , le sieur du Pradel introduisit sans doute bien d'autres améliorations dans les domaines du roi ; mais celle-ci, qui est la plus connue, a suffi pour sa gloire. Aujourd'hui les contrées méridionales de la France sont de toutes parts peuplées de mûriers : ils bordent les chemins, remplissent les jardins, les champs, et sont devenus réellement pour des provinces entières, selon l'expression d'Olivier , un arbre *rempli des bénédictions de Dieu.* De leur côté la production et la fabrication de la soie, dont cet arbre est en quelque sorte le premier élément, sont devenues des sources d'activité et de richesse pour une foule de branches de notre industrie. C'est ainsi qu'un cultivateur intelligent, par son heureuse influence et de patients travaux, peut se montrer un des plus utiles bienfaiteurs de son pays. Le sieur du Pradel fut de ce nombre. Celui qui seconda si dignement Henri IV, dans sa patriotique entreprise , ne nous semble-t-il pas presque aussi grand que Sully, ce digne ministre du *bon roi*, travaillant avec lui au bonheur de la France par l'agriculture. *Le labourage et pastourage, voilà les deux mamelles dont la France est alimentée, les vraies mines et trésors du Pérou* [1].

» Olivier de Serres, heureux d'avoir servi utilement son pays, sans vouloir accepter ni honneurs ni récompenses, retourna dans sa terre du Pradel, dans le Vivarais, non loin de Villeneuve-de-Berg. Il continua à y jouir d'un tranquille repos au milieu de sa nombreuse famille. Marié à l'âge de vingt ans, il avait eu sept enfants, quatre fils et trois filles C'est là, dans son domaine natal, que le 2 juillet 1609 il termina, dans sa quatre-vingtième année, sa carrière bienfaisante. Les ouvrages de cet homme éminent, auquel l'agriculture doit de si précieuses conquêtes, après avoir obtenu un prodigieux succès dans leur nouveauté, tombèrent peu à peu en oubli. Ils restèrent comme délaissés jusqu'à la fin du dernier siècle, où ils redevinrent tout-à-coup l'objet de l'étude et de l'admiration des agronomes. Aujourd'hui même, on rend justice à leur mérite. Nous disions tout-à-l'heure qu'on n'avait point érigé de statue à ce patriarche de l'agriculture française. Un hommage tardif mais

---

[1] Paroles de Sully.

solennel a pourtant été rendu à sa mémoire [1], sur la place publique de Villeneuve-de-Berg. En face de la maison habitée autrefois par Olivier, on voit un modeste monument ; c'est une pyramide reposant sur un piédestal à trois marches, revêtu aux quatre faces de tables en marbre noir avec des inscriptions. Un simple buste surmonte ce simple monument : c'est celui du grand laboureur dont je viens de vous esquisser l'histoire.

» Il nous reste encore un peu de temps, mes amis : avant de nous séparer, disons donc quelques mots d'un artisan assez singulier, que je vois naître à l'aurore de ce XVIIe siècle, où nous arrivons maintenant. Notre petite revue doit embrasser tous les genres d'illustration. Or l'artisan dont je vous parle était un poète, et même un grand poète... Il était de plus *menuisier*... et ce fut certes fort heureux pour lui, car de son temps, pas plus que de nos jours, la poésie toute seule n'enrichissait son homme. Mieux vaut donc encore, si l'on veut vivre honnêtement soi et sa famille, raboter du bois que polir des vers. *Adam Billaut*, ou *maître Adam de Nevers*, le poète en question, le comprenait ainsi lui-même : aussi avait-il, comme on dit, *deux cordes à son arc.* Sa *varlope*, à laquelle il demeura constamment

[1] En 1804, par les soins de M. Caffarelli, préfet de l'Ardèche.

fidèle, était son gagne-pain, tandis que le culte des vers faisait le délassement et le charme de sa vie. Etant venu à Paris pour un procès, il eut le bon esprit d'adresser une *ode* au cardinal de Richelieu, qui lui fit une pension. Heureux et content, *maître Adam* continua son état de menuisier et son rôle de poète. Ses poésies brillent peu par l'élégance ; il y a beaucoup d'incorrection, de mauvais goût et de pointes ridicules ; mais elles sont pleines de verve et d'originalité, et ont quelquefois de la noblesse dans la pensée et même dans l'expression. Il en forma trois recueils, qu'il appela, par allusion à son métier, les *Chevilles*, le *Villebrequin* et le *Rabot*. Maître Adam jouit d'une grande vogue de son vivant, et fut surnommé le *Virgile au rabot*. Il excellait surtout dans la chanson bachique. Sa fameuse chanson :

> Aussitôt que la lumière
> Vient redorer nos côteaux.

est connue de tout le monde ; mais on ne la chante pas, à beaucoup près, telle qu'il l'a faite. A l'exemple de Richelieu, les grands seigneurs le comblèrent de présents, et les beaux esprits, les poètes, d'éloges et de compliments en vers. Le grand Corneille lui-même le compare à

Orphée. Le plus spirituel de ses compliments rimés est sans doute ce joli quatrain :

> Ornement du siècle où nous sommes,
> Je ne dis rien de vous, sinon
> Que pour les vers et pour le nom
> Vous êtes le premier des hommes !

» Mais en voilà assez sur ce poète artisan qu'on a peut-être trop loué ; aussi bien son caractère ne me semble pas des plus honorables. Je n'aime pas cette sorte de vanité qui se glisse dans ses vers, et cette manie de solliciter sans trop de pudeur les faveurs et les éloges. Le vrai talent doit avoir plus d'indépendance et de dignité. De nos jours nous avons aussi des artisans poètes ; et, pour n'en citer que deux, nommons *Jean Reboul*, l'ancien *boulanger* de Nîmes, et *Jasmin*, le *perruquier* d'Agen. Ces deux hommes sont bien supérieurs à *maître Adam de Nevers*. Le premier, l'un des plus grands poètes de l'époque, est surtout connu par la noblesse de son caractère ; le second fait de son talent le plus bel usage, en s'en servant comme d'une *bourse de quêteur* pour des œuvres de bienfaisance et de charité. Honneur à ces hommes que la noblesse de leurs sentiments place si haut dans l'estime et l'admiration de leur pays !

SIXIÈME SOIRÉE.

Riquet. — **Rennequin**. — **Sualem**. — **André Boule**. — **Papin**. (17ᵉ siècle).

« Mes amis, dit le digne magistrat en accueillant de nouveau son petit monde d'auditeurs , je n'ai point l'intention de restreindre mon
sujet à ces quelques artisans qui ont relevé , en-
nobli leur humble profession par de rares talents,
et ont conquis dans leur boutique ou dans les
travaux des champs une haute renommée. Mon
dessein est de vous parler encore de ces hommes
qui , dans une autre condition , ont mérité à leur
tour un nom glorieux par leur science, leur
génie , ou en dotant leur pays de quelque découverte , de quelque monument utile. Ingé-
nieurs , physiciens . mécaniciens , chimistes,
savants enfin dans tous les genres, dès qu'ils
font sur quelque objet spécial une juste application de leur science ; ne sont-ce pas là encore
après tout de grands *artisans*? Jetons donc nos
regards sur quelques-uns de ces illustres ouvriers;
et d'abord payons un tribut d'hommage à l'un

d'eux, dont le génie et les patients travaux ont légué à la France un de ses plus utiles et gigantesques monuments : je veux parler du célèbre ingénieur *Riquet*, le créateur du canal du Languedoc.

» Vous savez que les côtes de la France sont baignées au nord, à l'ouest et au midi par deux grandes mers, l'Océan et la Méditerranée. Cette heureuse position, déjà très-favorable au commerce de notre pays jusqu'au dix-septième siècle, pouvait grandement s'améliorer encore. Et par quel moyen, demanderez-vous? Par un canal de jonction de ces deux mers, à travers le midi de la France. On l'avait bien compris; et pendant plus d'un siècle, depuis François 1er jusqu'à Louis XIV, on vit se succéder une foule de projets plus ou moins ingénieux au sujet de cette vaste entreprise ; mais, soit par suite des guerres civiles, soit par les difficultés de l'exécution, tous ces projets avaient avorté. Il était réservé au grand roi, que conseillait son digne ministre Colbert, de reprendre cette belle entreprise et de la mener à bonne fin. En 1663, Colbert, intendant-général des finances, soumit au roi un nouveau projet de canal de jonction. Louis XIV, qui entourait de sa haute protection toutes les idées hardiment conçues, institua une commission pour faire sur les lieux l'examen du plan du canal projeté. Cette commission s'occupa soigneusement à reconnaître toutes les chances de succès que pouvait présenter le nouveau plan. Son rapport ayant été favorable, le canal fut aussitôt commencé ; c'était l'an 1666.

» Quel était l'auteur de ce projet ? *Pierre-Paul de Riquet*. Cet habile homme, originaire, dit-on, d'une famille florentine nommée *Riquetti* ; chassée de Florence pendant les guerres civiles, était français pourtant, et né à Béziers, l'an 1604. D'un génie heureux et d'une pénétration très-vive, il n'avait épargné ni soins ni recherches pour découvrir le moyen d'exécuter l'utile projet qu'on n'avait point encore osé entreprendre. La connaissance que divers emplois dans la province lui avaient donnée de tout le pays, lui vint en aide dans ces études : enfin Riquet, sûr de son fait, osa présenter au roi le plan dont nous venons de parler. Appelé à mettre à exécution un projet que les siècles précédents avaient regardé comme presque imaginaire, il ne recule devant aucun obstacle. La nature du sol, la disette apparente des eaux, des montagnes à percer, des rivières à franchir, la grande différence de niveau entre l'une et l'autre mer, tous ces obstacles enfin qui avaient fait regarder les différents projets comme inexécutables, Riquet les surmonte par son génie et sa persévérance. Laborieux, infatigable, quoique dans un âge déjà avancé, il se livre sans relâche à la glorieuse tâche qu'il s'est imposée et qu'il exécute à ses frais. La France entière avait les regards sur lui; mais elle doutait encore de la possibilité du canal. A une époque où des travaux de ce genre paraissaient comme fabuleux, on branlait la tête à la vue de cette entreprise colossale. On dit qu'un de ces incrédules, marquant à son auteur le point de la limite où il pouvait aller, avait écrit en un certain endroit ces mots en patois du pays :

> *Ici mestre Riquet*
> *Stacrà soun bourriquet* [1].

» Riquet cependant tenait à honneur l'entier accomplissement de son projet. Entouré d'envieux et d'ennemis, il marchait au milieu d'eux, tête levée et sans crainte. Dignement secondé par l'habile mathématicien et ingénieur Andréossy, il poursuivait son œuvre, aplanissant les obstacles, et réalisant des merveilles d'industrie inconnues jusqu'alors. Le grand homme oubliait bientôt, dans l'assiduité constante de

---

[1] *Ici maître Riquet*
Attachera son bourriquet.

ses travaux, les quelques chagrins que la ca-
lomnie et l'injustice soulevaient parfois dans son
cœur. A mesure qu'avançait le canal, Riquet redoublait d'efforts et de soins pour mener à bonne
fin son entreprise. Il approche du terme : encore
quelques mois, et la navigation va être établie
dans toute l'étendue du canal ; et à l'aide de la
Garonne ou *Gironde*, qui la réunira à l'Océan, le
grand problême de la jonction des deux mers
sera enfin résolu... Mais, hélas ! le vénérable
vieillard n'aura point la satisfaction de voir s'accomplir cette grande œuvre, l'objet de tous ses
vœux. Il tombe tout-à-coup malade, et il meurt
à Toulouse (1680), en léguant à son pays un de
ses plus beaux monuments, l'un de ceux du moins
qui doivent le plus contribuer à sa prospérité
commerciale. Un poète du temps fit pour ce grand
homme l'épitaphe suivante :

« Ci-git qui vint à bout de ce hardi dessein
De joindre des deux mers les liquides campagnes,
   Et de la terre ouvrant le sein
   Aplanit même les montagnes.
Pour faire couler l'eau, suivant l'ordre du roi,
   Il ne manqua jamais de foi,
   Comme fit une fois Moyse.
Cependant de tous deux le destin fut égal :
L'un mourut près d'entrer dans la terre promise,
L'autre est mort sur le point d'entrer dans son canal. »

» Riquet laissa deux fils, dont l'aîné, Mathias Riquet, qui fut président à Mortier au parlement de Toulouse, fit terminer le canal. Six mois après, en 1681, il était déjà en état de navigation ; mais quarante ans plus tard seulement ce magnifique ouvrage commença à produire un revenu aux héritiers des deux Riquet. Il avait coûté trente-quatre millions de nos francs. Quoiqu'il en soit, Riquet s'est rendu à jamais célèbre par l'entreprise du *canal du Languedoc* : la France a inscrit son nom à la plus belle page de son industrie.

» Le règne de Louis xiv, si fécond en merveilles, vit aussi un simple ouvrier inventer une célèbre machine, dans son genre presque aussi prodigieuse que la création du canal du Languedoc. C'est la belle machine dite *de Marly*, destinée à élever les eaux de la Seine sur la montagne de Marly, pour les conduire ensuite à Versailles. La situation élevée de cette dernière ville présentait d'innombrables difficultés pour l'accomplissement de ce vaste projet. Mais Louis xiv avait parlé ; il fallait à tout prix fournir d'eau potable son magnifique château de Versailles, qu'il venait de construire. A l'appel de ce roi tout-puissant, dont les désirs créaient les génies comme sa volonté gagnait les batailles, un simple ouvrier se présenta et entreprit de ré-

soudre un des plus grands problêmes de la mécanique. Cet ouvrier était un pauvre charpentier
de Liège [1], qui ne savait ni lire ni écrire, et
s'appelait *Rennequin Sualem*, ou plutôt *Swalen-
Renkin* ; le premier de ces noms, plus facile à
prononcer, semble être adopté par l'histoire.

» Si le charpentier Sualem ne savait pas même
lire, dit-on, il était doué en revanche de la plus
grande intelligence. On l'avait souvent employé
avec succès aux charpentes des machines en
usage pour l'épuisement des eaux souterraines.
Déjà un châtelain liégeois, le chevalier Deville,
avait mis ses talents à l'épreuve, en lui faisant
construire dans son château une machine à élever
l'eau, dans le genre de celle qu'il devait créer
plus tard. Colbert, ce grand ministre dont nous
parlions tout-à-l'heure, instruit du talent de
Sualem, eut recours à lui. Le charpentier se mit
aussitôt à l'œuvre, traça son plan et vint le sou-
mettre au chevalier, qui emmena l'artisan à Paris
et fit adopter son travail par Colbert.

» La machine de Marly, commencée en 1676,
fut mise en activité six ans après. Elle coûta sept
millions ; son entretien seul s'élevait à soixante
onze mille francs. Vous n'attendez pas de moi
sans doute que je vous décrive le mécanisme de

[1] Il était né l'an 1644.

cet admirable travail; vous auriez trop de peine à le comprendre. Il vous suffit de savoir que sa conception est merveilleuse, et qu'elle prouve jusqu'à quel point ascendant le génie de l'homme peut atteindre... Mais, hélas! le pauvre Sualem ne put jouir en paix du fruit de son travail. Si Riquet ne vit point le fin de son canal, personne du moins ne lui a contesté la gloire de cette œuvre gigantesque. Il n'en fut point ainsi de Sualem. Ce même chevalier Deville, qui semblait jusqu'ici son protecteur et son patron, se montra, dit-on, à son égard déloyal et trompeur. A force d'intrigue et d'impudence, il parvint à se faire passer pour le véritable inventeur de la machine de Marly, tandis que le charpentier liégeois n'aurait été, selon lui, que l'instrument passif de cette invention. Nouvel et triste exemple de la vérité du vieil adage :

L'un sème, et un autre moissonne.

» Sualem se retira au joli village de Bougival, sur les bords de la Seine, où il avait une maison. Il y vécut tranquille avec sa famille, mais triste cependant de ne pouvoir recueillir de son vivant la justice qui lui était due. Il termina ses jours et il a été enterré dans l'église de ce village, ainsi que sa femme. On lit encore sur leur tombeau l'épitaphe suivante :

Ci-gisent
honorables personnes Rennequin Sualem
seul inventeur de la machine de Marly,
décédé le 29 juillet 1708
âgé de 64 ans ;
Et dame Marie Nouelle , son épouse .
décédée le 4 mai 1714 ,
âgée de 84 ans.

» Depuis long-temps la machine de Marly n'est plus en activité. Vers la fin du dernier siècle, on parvint à trouver un nouveau mode pour faire monter à moins de frais les eaux jusqu'à Versailles. On n'en doit pas moins admirer l'ouvrier intelligent qui sut créer par son génie l'une des plus étonnantes merveilles du siècle de Louis le Grand.

» Voici à son tour un célèbre ébéniste de ce grand siècle. Cet art de l'ébénisterie, qui consiste à travailler l'ébène et autres bois précieux, est très-ancien. Il fut pratiqué d'abord en Asie, d'où il passa ensuite en Grèce, et ne tarda pas à se répandre en Italie. En France, ce fut seulement à partir du règne de François 1er, que cet art fut cultivé avec succès. Depuis cette époque, il a pris une grande extension; les ébénistes français ont surpassé en bon goût, en talent, tous les ouvriers de l'Europe. Il serait trop long de vous rappeler tous les noms qui ont brillé dans cette branche si importante de notre industrie. Bornons-nous à parler d'*André Boule*, l'ébéniste par excellence, la véritable gloire de cette profession.

» *André-Charles Boule* naquit à Paris en 1642. Fils d'un pauvre ébéniste de la Cité, il embrassa l'état de son père, mais ce ne fut qu'avec dégoût. Doué d'une grande intelligence, et dévoré de bonne heure d'une ambition plus grande encore, il ne pouvait supporter l'idée de n'être qu'un simple ouvrier, un pauvre artisan. Il n'aspirait à rien moins qu'à devenir un artiste habile, un peintre distingué, un homme illustre enfin.

Aussi quel ne fut pas son chagrin, lorsqu'au lieu de tout cela il se trouva confiné dans un magasin de meubles du faubourg Saint-Antoine ! Il souffrait, déplorait son triste sort ; mais comment y échapper ? Il fallait le subir, il fallait se consumer d'ennui dans un modeste atelier, en construisant à grand'peine des meubles grossiers à l'usage de tout le monde ! Cette idée désolait chaque matin à son réveil le pauvre apprenti. On rapporte que, chaque dimanche, lorsqu'il se rendait à l'église, Boule avait l'habitude d'adresser à Dieu une prière spéciale : il lui demandait la grace de le *délivrer de sa triste condition*, et de l'élever un peu plus haut, afin de pouvoir donner un libre essor à son intelligence.

» La prière du jeune ouvrier fut écoutée : il resta ébéniste cependant ; mais il acquit dans cette profession une renommée telle qu'elle dut satisfaire sa haute ambition. Or, voici comment la chose lui advint :

» Un jour, le jeune Boule fut emmené par son patron au château de Versailles. Il s'agissait de procéder à quelques réparations dans les petits appartements du roi. Ces *petits* appartements, comme tout le reste du palais, étaient éblouissants de grandeur et de magnificence. Quelle ne fut pas la joie de notre ouvrier, doué d'un vif sentiment des grandes choses, en se voyant transporté de son humble atelier au milieu de toutes les merveilles étalées dans la splendide demeure de Louis xiv ! Les réparations terminées, il fallut bien abandonner ce royal séjour : mais ce ne fut pas sans une profonde tristesse. Dès ce moment, le malheureux ouvrier ne rêva plus que le moyen de produire de pareils chefs-d'œuvre, et d'ennoblir ainsi du moins sa profession, s'il ne pouvait la quitter. Dès lors, il se livre tout entier à son imagination et, à force de patience, il devient bientôt dessinateur, peintre, sculpteur, mosaïste. Possesseur de ces divers talents, il dessine, colorie sur le papier des modèles de meubles d'un goût charmant et d'un genre tout nouveau, de meubles, enfin, dignes d'orner les appartements des princes et des rois.

» Les circonstances ne firent pas défaut au génie de l'artisan. Elle lui ménagea dans ce palais même, dont la grandeur l'avait inspiré, une heureuse occasion de révéler ses talents et d'acquérir une haute renommée. Louis XIV, voulant changer l'ameublement d'un de ses appartements, venait de faire un appel aux plus habiles peintres, décorateurs et autres artistes. Boule ne fut pas le dernier à y répondre. Il montra à une grande dame de la cour un modèle d'ameublement qu'il avait dessiné : cette dame en fut si émerveillée, qu'elle promit sa protection au jeune ouvrier, et le recommanda elle-même au roi. Peu de jours après, Boule était mandé à Versailles, et recevait l'ordre d'exécuter pour l'ornement du palais tous les travaux que son génie inventif avait conçus.

» Qu'on se figure la joie et le bonheur de notre ébéniste ! On a mis à sa disposition tout l'argent qui lui est nécessaire : il peut donc tout à loisir réaliser les plans de son imagination. Le voilà aussitôt à l'œuvre : avec un heureux choix de différents bois de l'Inde et du Brésil, incrusté avec une grande intelligence, ou du cuivre et de l'ivoire découpés avec beaucoup d'art, il parvient à imiter dans ses ouvrages toutes les espèces d'animaux, de fruits et de fleurs : il en compose même des tableaux, dans lesquels sont représentés des sujets d'histoire, de batailles, de chasses et de paysages. Il y ajoute pour ornement des bronzes d'une forme sévère, élégante et du profil le plus pur ; c'est ainsi qu'à force de soins et de persévérance le génie de Boule élève sa profession jusqu'à la noblesse de l'art. Lorsque son ameublement est terminé, il le fait porter à Versailles. A la vue d'un meuble si magnifique et d'un genre si nouveau, toute la cour resta émerveillée. On ne pouvait comprendre qu'un pauvre jeune homme, jusqu'alors obscur et ignoré, eût pu enfanter tous ces divers chefs-d'œuvre. Louis xiv lui-même fut si charmé de ces ingénieuses créations, qu'il en complimenta l'habile artisan. Quelques jours plus tard il lui accorda le titre de graveur ordinaire du sceau, et lui donna, avec une pension, un logement au Louvre.

» Voilà donc notre artiste sur le chemin tant désiré de la renommée et de la gloire. Il y marcha à grands pas. A cette époque, plus qu'aujourd'hui encore, le sourire bienveillant du monarque était la plus sûre recommandation, le signe le plus certain d'un merveilleux succès. Il en fut ainsi d'André Boule. Quand on eut admiré à Versailles la beauté délicieuse de ses ouvrages, tout le monde voulut en avoir de pareils. Les princes, les grands seigneurs, recherchèrent à l'envi ces nouvelles productions d'un art que le bon goût et le génie d'un ouvrier avaient su enrichir de tous les accessoires dont il pouvait être susceptible. La fortune vint donc avec la renommée visiter la demeure de l'ancien apprenti du faubourg Saint-Antoine. André jouit de l'une et de l'autre pendant de longues années. On admire encore aujourd'hui ses productions, qui ont fait pendant plus d'un siècle l'ornement du palais de Versailles et de ceux des plus grands princes ; on revient même assez volontiers aujourd'hui à cette sorte de meubles, dont les ornements consistent en incrustations de diverses espèces. André Boule, l'habile artisan qui sut attacher son nom à ce gracieux genre de meubles, figure avec honneur dans les annales de l'industrie. Il mourut à Paris, riche et honoré jusque dans une extrême vieillesse : il avait atteint près de quatre-vingt-dix ans (1732).

» Si nous voulions jeter maintenant un regard

sur les principaux ébénistes de ces derniers temps, nous placerions au premier rang *Jacob Desmaltes*, père et fils. Le premier, qui, sous l'empire, n'occupait pas chez lui moins de huit cents ouvriers, ébénistes, menuisiers, ciseleurs, serruriers, fondeurs ou doreurs, s'est rendu surtout célèbre par les ameublements du Louvre, des Tuileries, des châteaux de Fontainebleau et de Compiègne. Fils d'un menuisier de Louis xv et de Louis xvi, il eut lui-même un fils, qui pouvant aspirer plus haut a eu le noble orgueil de vouloir continuer l'établissement illustré par sa famille. Desmaltes fils s'est illustré à son tour, comme ceux de son nom. Des médailles d'or qu'il a obtenues à plusieurs expositions témoignent du succès de ses efforts. Les ameublements des châteaux de Rosny et de Neuilly, du Palais-Royal, et celui de la partie nouvelle de l'hôtel-de-ville de Paris, sont d'admirables ouvrages qui font honneur au dernier descendant de cette famille d'ébénistes. Remarquons en passant qu'il y a quelque chose de patriarcal et de touchant dans cette transmission de père en fils d'une honorable profession, à laquelle chaque génération s'efforce d'apporter un degré de perfectionnement. L'histoire de l'industrie nous en offre plus d'un exemple.

9

» Travailler sur bois, oui, mes amis, je le dis bien haut, c'est une *très-honorable* profession ; c'est celle qu'avait choisie saint Joseph, ce grand saint, dont nous disions quelques mots dans notre premier entretien. Heureux les fils qui, ne dédaignant pas l'état de leur père, l'embrassent de bon cœur, et ne s'élancent pas à l'aventure, à la poursuite d'un autre avenir, plus brillant en apparence, mais beaucoup moins certain ! Vous voyez que dans toutes les professions on peut déployer le talent, le génie même, et acquérir de la fortune et de la gloire. Sans sortir de celle qui nous occupe, ne pourrais-je pas vous citer encore des hommes qui, par des travaux sur bois, sont devenus de vrais sculpteurs, de véritables artistes. Que n'aurions-nous pas à dire si, en parlant de la *sculpture en bois*, je venais à m'arrêter par exemple sur ces magnifiques chaires chrétiennes dont sont ornées tant d'églises, surtout dans la Belgique ! C'est là que vous verriez, comme à *Ste-Gudule* de Bruxelles, ou à *St-André* d'Anvers, de véritables sujets historiques merveilleusement représentés. Vous contempleriez à *Ste-Gudule* une configuration du *Paradis terrestre*, due au ciseau du célèbre Van Brugger, sculpteur du 17e siècle ; et à *Saint-André*, la *vocation* de cet apôtre, qui, le premier entre tous, abandonna ses filets et sa barque pour suivre Jésus-Christ. C'est le travail merveilleux d'un artiste, dont le nom est illustre dans la Flandre, comme celui de Van Brugger. Tous ces grands sculpteurs au reste ont acquis dans leur pays une renommée presque égale à celle des Rubens et des Van-Dyck. Mais où nous entraînait un pareil sujet? Revenons à d'autres industries. Le champ à parcourir est si vaste, qu'il est peu permis de faire halte un seul instant.

» Il y a quelques années, je descendais le cours majestueux du Rhône sur un bateau à vapeur appelé le *Papin*. Un jeune ouvrier, qui faisait son tour de France, était mon compagnon de voyage. Me voyant sur le pont, occupé à contempler quelques belles ruines, il s'approcha d'un air curieux, et me dit du ton le plus honnête : Monsieur, pourriez-vous m'apprendre pourquoi notre bateau porte le nom de *Papin*? Savez-vous ce que signifie ce nom? « Oui, mon ami, lui répondis-je : *Papin* est un savant français, qu'on doit regarder comme le véritable inventeur des bateaux à vapeur. Mais vous me paraissez un bon jeune homme, désireux de s'instruire ; venez donc, asseyons-nous, et je vous dirai quelques mots de l'histoire de ce grand physicien. » Nous nous assîmes en effet en face des pittoresques ruines, dites les *Cornes de Crussol*, vis-à-vis de Valence ; et je me rappelle que je parlai à mon interlocuteur à peu près en ces termes :

« Denis Papin naquit à Blois, vers le milieu du dix-septième siècle. Il s'appliqua d'abord à la médecine, et après avoir pris ses grades à Paris, il pratiqua quelque temps cet art dans la capitale. Il employait ses loisirs à l'étude de la physique, science dans laquelle, guidé par le célèbre Huyghens, il fit de rapides progrès. Etant passé en Angleterre, il se lia d'amitié avec un illustre physicien, nommé Boyle, qui l'associa à ses belles expériences sur la nature de l'air, et le fit recevoir, en 1681, à la société royale de Londres. Divers *mémoires*, qu'il publia lui-même, étendirent promptement sa réputation. En 1687, il fut chargé de professer les mathématiques à l'université de Marbourg, dans la Hesse électorale. Les talents qu'il déploya dans cette chaire lui méritèrent la bienveillance du landgrave de Hesse, prince éclairé et grand ami des sciences. Papin devint en 1699 correspondant de l'Académie des sciences de Paris, et il mourut en 1710, laissant divers ouvrages, qui l'ont fait justement regarder comme l'un des plus illustres savants de son époque.

» Telle est en peu de mots l'histoire de ce personnage. Mais voyons maintenant quelques applications de sa science, et les titres glorieux qui placent Papin au premier rang des hommes devenus célèbres par des inventions utiles. Et d'abord parlons de celle qui lui vaut l'honneur de voir son nom inscrit sur la carène d'un bateau à vapeur. Inventeur de la machine à vapeur à piston, Papin est en effet le premier qui ait reconnu la force de la vapeur aqueuse, comme moyen simple de faire le vide dans une grande capacité. Il est également le premier qui ait songé à combiner dans une machine à feu l'action de la vapeur élastique, avec la propriété qu'a cette vapeur de se condenser par le refroidissement. Inventeur des méthodes pour transformer le mouvement rectiligne de la pompe à feu en mouvement de rotation, et des soupapes de sûreté; c'est lui encore qui, le premier, inventa les machines à haute pression, chez lesquelles la vapeur s'écoule dans l'air après avoir produit son effet. Enfin c'est Papin qui, vers la fin du dix-septième siècle, entre autres applications de ces machines, proposa le premier de s'en servir pour faire marcher les navires. Plus tard, Fulton l'américain réalisa ce projet; mais la première idée, on doit le reconnaître, appartient à la France. Maintenant, mon ami, ajoutai-je à mon jeune homme, vous comprenez sans peine pourquoi le bateau qui nous porte et nous entraîne si vite s'appelle le Papin.

» Mais ce n'est pas tout. En 1699, ce même savant fabriqua une serrure d'une construction si singulière, que des serruriers fort habiles ne purent jamais parvenir à en faire l'ouverture, bien qu'ils en eussent la clef, et que plusieurs fois en leur présence on eût ouvert et fermé la cassette où était attaché ce merveilleux secret. On lui doit encore une découverte précieuse : c'est son *digesteur,* dit vulgairement *marmite de Papin*, instrument d'un si commun usage, pour cuire promptement toutes sortes de viandes, et dissoudre la gélatine des os : Les *autoclaves,* invention plus moderne, ont fait quelque peu oublier l'utile *marmite de Papin* : mais elles n'en sont après tout que le perfectionnement. »

» Mon jeune compagnon de route écoutait tout cela avec de grands yeux et la bouche béante : Quand il eut bien entendu et bien compris, il me remercia très-poliment et très-satisfait. Il descendit à Valence ; je lui dis adieu, en lui serrant la main, et poursuivis mon voyage vers Avignon, l'ancienne ville des papes.

» Comme lui, j'espère que vous avez tous compris, mes amis, ce petit récit. A demain soir donc, la suite de nos entretiens. Venez de bonne heure ; nous aurons à parler de machines curieuses et très-intéressantes. Vous verrez dans l'une d'elles un *âne fabricant des étoffes à fleurs :* Spirituelle et innocente vengeance d'un illustre mécanicien, dont je vous entretiendrai demain. »

L'assemblée se sépara alors, en riant de ces derniers mots, et se promettant bien de ne pas manquer le lendemain au rendez-vous.

SEPTIÈME SOIRÉE.

Fulton. — Franklin. — Vaucanson. — Althen.

(18e siècle).

« Après vous avoir parlé de Papin, je devrais, mes amis, dit notre bon magistrat, vous parler de Fulton, venu un siècle après : l'un ne va guère sans l'autre. Si Papin, notre compatriote, a proposé le premier d'appliquer la machine à vapeur à la marche des navires, c'est l'américain Fulton, qui a le premier réalisé cette application, en construisant sur une grande échelle des bateaux à vapeur. Mais déjà vous connaissez une partie de son histoire. Vous savez que, n'ayant pas trouvé en France tous les encouragements qu'il désirait, il retourna dans sa patrie, et qu'il lança, en 1807, le premier bateau à vapeur sur le fleuve l'Hudson pour la navigation entre les villes d'Albany et de New-Yorck [1]. Robert Fulton, voué exclusivement à l'étude de la mécanique, s'est rendu encore

[1] Voyez *les Découvertes les plus utiles et les plus célèbres*, p. 194. Douzième soirée.

célèbre par plusieurs inventions utiles, telles qu'un moulin pour polir et scier le marbre, une machine à faire des cordes, un bateau pour naviguer sous l'eau, une machine pour faire sauter les vaisseaux en l'air, etc. Mais la grande gloire de Fulton sera toujours d'avoir inauguré cette navigation qui défie les vents et les marées. S'il n'en fut point l'inventeur, le premier du moins il a réalisé, après beaucoup d'obstacles, ce véhicule nouveau dont l'emploi si commun de nos jours rend de si utiles services, sur les mers et sur les fleuves, au commerce, à la marine et à l'Etat. Robert Fulton était né en 1767, aux Etat-Unis, à Little-Britain en Pensylvanie, d'une pauvre famille irlandaise, chassée, dit-on, de son pays par les persécutions de l'Angleterre. Orphelin à trois ans, il ne recueillit qu'une petite part d'un très-mince héritage partagé entre sa mère et cinq enfants, et ne put guère apprendre à l'école de son pays qu'à écrire et à compter. Mais son génie précoce suppléa aux connaissances qu'il n'avait pu acquérir. Il se livra d'abord à la peinture, et y fit en quelques années des progrès si rapides, qu'il put amasser une somme suffisante pour payer une petite ferme que sa mère faisait valoir. Plus tard, voué aux arts mécaniques, il fit ces belles découvertes dont je viens de parler. Ce grand artisan, qui dut toute sa gloire et sa renommée à son intelligence naturelle et à une persévérance surhumaine, mourut dans la vigueur de l'âge, à 49 ans. Doué des plus nobles sentiments, il ne rechercha jamais aucune distinction, aucune charge publique : aussi ne laissa-t-il guère d'autre héritage à ses descendants que le souvenir de sa gloire.

» Mais revenons un peu sur nos pas, et parlons un instant à notre tour d'un homme dont on a beaucoup parlé. Il était né aussi dans cette Amérique, à qui la France doit envier le premier usage des bateaux à vapeur, et il est regardé comme l'un des législateurs du nouveau monde ; c'est du moins l'un des personnages qui ont le plus contribué aux progrès de la civilisation dans ces contrées. A ces signes, vous avez déjà peut-être reconnu *Benjamin Franklin.*

» Boston, grande cité américaine, fut la patrie de cet homme illustre : il y naquit, l'an 1706, d'une famille pauvre et nombreuse, mais industrieuse et honnête. Il fut, dit-on, le dernier de dix-sept enfants. Son père, ses frères étaient de simples artisans, et lui-même semblait ne devoir jamais être autre chose. Fabricant de chandelles et de savon, le père d'une si féconde lignée ne pouvait donner à ses fils une éducation brillante ;

à grand'peine faisait-il subsister tout ce petit
monde. Il aurait voulu cependant faire un peu
plus pour Benjamin, qu'il aimait comme son
dernier né : mais ses moyens l'en empêchèrent ;
il se contenta de lui faire apprendre à lire, à
écrire et à compter. Le petit Benjamin revint à
dix ans dans la maison paternelle, et fabriqua,
comme son père, de la chandelle et du savon.
Ce métier ne plaisait pas à l'enfant. On chercha
à en faire un coutelier, mais on ne réussit pas
mieux. Ses parents, ayant remarqué en lui un
grand goût pour la lecture, le placèrent chez un
de ses frères qui était imprimeur. Benjamin se
trouva là dans son centre. Il devint bientôt fort
habile dans sa besogne : mais il prisait surtout sa
profession, à cause de la facilité qu'il y trouvait de
contenter son goût pour la lecture. Un marchand
instruit, qui fréquentait l'imprimerie, avait une
belle bibliothèque ; il lui prêtait volontiers des
livres ; le jeune apprenti les dévorait avidement.
Alors il lui vint un goût démesuré pour la poésie,
et il composa plusieurs petites pièces de vers.
Son frère, espérant bien y trouver son compte,
l'engagea à rimer quelques ballades populaires.
Franklin en fit deux sur des aventures de ma-
rins. Son frère les imprima, et les lui envoya
vendre par la ville. L'auteur raconte lui-même

qu'il allait de place en place avec une petite brouette sur laquelle était le papier encore humide de ses chansons; mais, ajoute-t-il naïvement, mes vers étaient les plus pitoyables du monde, c'étaient de *véritables chansons d'aveugle*. Quoiqu'il en soit, il les vendit cependant; l'une d'elles eut même un succès prodigieux. Franklin allait faire d'autres chansons, si son père, homme éclairé au-dessus de sa profession ne l'en eût détourné, en lui faisant sentir que, son travail étant réellement détestable, il devait quitter un métier qui n'avait pas coutume d'enrichir son homme. Franklin eut le bon esprit d'écouter cet avis paternel, et il se borna désormais à écrire en prose.

» Il n'avait guère qué seize ans lorsqu'il insérait déjà des articles dans un journal, publié par son frère. Mais il le faisait en cachette, dit-on, glissant le soir sous la porte de l'imprimerie ses petites productions, et savourant ensuite tout à son aise le délicieux plaisir de s'entendre louer sans être connu. Il se fit connaître enfin, et devint un des principaux rédacteurs de la feuille. Quelque temps après cependant, mécontent de la manière trop dure dont son frère en usait à son égard, il le quitta, et partit secrètement pour Philadelphie.

» Il faut entendre Franklin raconter lui-même dans ses *Mémoires*, cette partie curieuse de sa vie, pleine d'instruction et de précieux enseignements. Lorsqu'il entra dans cette ville de Philadelphie, où il devait plus tard jouer un si grand rôle, il était vêtu d'un méchant habit, et ne possédait pour tout avoir qu'une pièce de monnaie équivalente à cinq francs. Accoutumé à la sobriété, il ne mangeait guère que des légumes et souvent même du pain sec ; il en acheta pour trois sous, et se mit à le manger en se promenant par les rues : ce furent là son premier repas et sa première promenade dans l'ancienne capitale de la Pensylvanie. Au milieu de cette sorte de misère, il n'en était pas moins fort gai, cherchant à s'instruire et rêvant les plus belles espérances du monde. Le travail et l'économie commencèrent sa fortune ; il travailla d'abord dans une mauvaise imprimerie, où, par son exemple et ses discours il sut, dit-on, ramener à la sobriété, à l'économie, à l'ordre, ses camarades d'atelier. Enfin, en 1729, il parvint à en établir une lui-même : il y joignit le commerce de la papeterie, et acquit bientôt une honnête aisance. Sa maison, prenant de l'importance chaque jour, compta parmi les meilleures et les plus commerciales de la ville.

» Franklin, devenu à son aise, s'occupa dès lors d'objets d'utilité publique : il fonda une bibliothèque et une société littéraire, publia des journaux et des almanachs qui lui servaient à répandre dans le peuple une utile instruction. Il ne tarda pas à entrer dans l'administration. D'abord secrétaire, puis membre de l'assemblée de Pensylvanie, il fit adopter d'importantes mesures, telles que l'organisation d'une milice nationale, la fondation de collèges, d'hôpitaux, etc. En même temps il se livrait à l'étude des sciences, qu'il avait toujours aimées; il faisait de précieuses découvertes sur l'électricité, et dotait enfin le monde de cette belle invention du *paratonnerre*, dont je vous ai raconté ailleurs la merveilleuse histoire.

» Si nous suivions Franklin dans sa longue carrière, nous le verrions nommé en 1753 maître général des postes en Amérique, puis député quelques années plus tard auprès de la métropole pour défendre les intérêts de ses compatriotes : il réussit dans plusieurs négociations délicates, et rendit par là d'éminents services à son pays. Mais nous devons abréger ces détails. Franklin jouissait d'une fortune honnête et de la réputation la plus honorable, lorsque, vers la fin du dernier siècle, la révolution éclata dans les colonies anglaises d'Amérique : il y prit une grande part, et fut bientôt remarqué par ses concitoyens comme un des plus grands hommes de la nouvelle république. Aussi fut-il chargé d'une mission des plus difficiles et des plus glorieuses. qui demandait de grands talents et beaucoup d'adresse : il s'agissait d'aller en France, comme ambassadeur, pour décider cette nation à prendre les intérêts des Etats-Unis et à s'armer en leur faveur. Franklin, dont la renommée avait franchi les mers, fut accueilli à Paris avec une sorte d'enthousiasme, et il obtint tout ce qu'il demandait. En 1783, il signa le traité de paix qui assurait l'indépendance de sa patrie. Son retour aux Etats-Unis fut un triomphe. Il fut nommé président de la Pensylvanie, et assista au congrès comme représentant de cette province. Enfin, parvenu à l'âge de 82 ans, il se retira des affaires ; mais il trouva encore assez de force pour travailler à fonder plusieurs institutions utiles, telles que la société de Philadelphie pour le soulagement des prisonniers, et la société de Pensylvanie pour l'abolition du commerce des esclaves. Ce grand citoyen vécut heureux et honoré jusqu'à l'âge de 84 ans. Il mourut enfin, emportant l'estime et l'admiration de l'ancien et du nouveau monde (1790). Son testament se trouva, comme sa vie, rempli d'intentions généreuses et patriotiques

» Voilà, mes amis, ce qu'ont produit le travail, la bonne conduite et l'amour de la gloire. Mais nous n'en dirons pas davantage sur Benjamin Franklin. Aussi bien je ne voudrais pas encourir le reproche de louer trop exclusivement un homme qui fut sans doute un excellent citoyen , mais qui cependant ne fut point un bienfaiteur de l'humanité, à la manière de saint Vincent de Paul , par exemple, et des autres véritables héros du christianisme. Il fut, dit-on, un grand moraliste et un modèle de vertu : rien de mieux sans doute ; j'applaudis volontiers à sa méthode de réforme morale qui consistait à combattre successivement chaque vice : dans son petit livre, si populaire, dit *la science du bon homme Richard* , j'aime encore ces sages conseils et ces vérités graves présentés avec une originalité d'expression et une tournure proverbiale qui les rendent faciles à saisir et impossibles à oublier... Mais que sont des préceptes de morale qui n'ont pour base aucun dogme, aucune sanction religieuse? autant vaudrait presque, ce me semble, bâtir sur le sable mouvant. Qu'est-ce encore qu'une *philanthropie* toute pure, occupée presque uniquement d'intérêts matériels , auprès de la *charité*, dont la main plus large, plus généreuse , s'étend aussi aux intérêts du monde futur et éternel ? — Mais ne nous lançons point dans ces grandes questions , qui nous mène-raient trop haut et trop loin. Revenons tout sim-plement ici-bas , et dans notre patrie, où nous rappelle un habile homme , contemporain de Franklin , et qui mérite bien à son tour de fixer nos regards.

» Il s'agit de *Vaucanson*, le célèbre créateur de tant de merveilleux automates , et l'un des plus grands mécaniciens qui aient existé. Ecoutez tous son histoire. Elle est également curieuse et pleine d'instruction.

» Jacques de Vaucanson naquit à Grenoble en 1709. Son enfance fut grave et réfléchie. Sa mère, dame d'une rigide piété, le condui-sait tous les dimanches chez quelques dames graves comme elle, dont la société devait peu amuser le pauvre enfant. C'était pourtant là son unique récréation. On le laissait , dit-on, dans une pièce voisine, où il y avait une ancienne horloge. Il s'y ennuya beaucoup d'abord ; ensuite, un jour il se mit à considérer attentivement cette horloge. Il chercha dans sa tête quelle pouvait être la cause du mécanisme qui mettait en mou-vement le balancier et faisait tourner l'aiguille : cette recherche fit naître les idées en foule dans son esprit, Le dimanche suivant, s'étant muni d'un crayon, il dessina la forme de l'horloge, enfin il découvrit le jeu des ressorts dont il ne voyait qu'une partie à travers les fentes d'une cloison. A quelques jours de là, il était parvenu, à l'aide de son couteau et d'instruments grossiers, à construire toutes les pièces d'une horloge en bois, dont le mécanisme était assez exact. Il ne faut quelquefois qu'une bien petite circonstance pour éveiller le génie d'un enfant et révéler ce qu'il sera un jour. Vaucanson, grace à cette horloge qu'il avait entrevue et étudiée dans des heures d'ennui, fut dès lors grand mécanicien pour toute sa vie.

» Bientôt, se livrant à toute la chaleur de l'imagination, il fabriqua pour une petite chapelle d'enfant, des anges, dont les ailes se déployaient et se reployaient d'elles-mêmes; des automates, exécutant tous les mouvements qu'exigent les cérémonies de la messe; et autres pièces enfin non moins curieuses. Ces jeux le conduisirent aux découvertes les plus surprenantes dans la mécanique.

»Tout jeune encore, Vaucanson, se trouvant à Lyon, apprend qu'un concours est ouvert pour la construction d'une machine hydraulique qui pût fournir de l'eau à toute la ville. Il se met aussitôt à l'œuvre, et compose une machine; mais timide encore et se défiant de ses forces, il n'ose présenter son projet. Qu'on juge de la surprise, lorsqu'à quelque temps de là, revenu à Paris avec ses parents et passant sur le Pont-Neuf, il retrouva précisément l'application de sa machine dans le mécanisme d'une célèbre fontaine dite la *Samaritaine !* Il ne peut en douter désormais. Ce triomphe intime et secret, lui révélant enfin sa propre valeur, l'enhardit à s'élancer dans la carrière où l'attendaient la fortune et la gloire.

»Après trois ans de combinaisons et de recherches, Vaucanson réussit à construire une *petite statuette en bois,* qui jouait douze airs différents sur la flûte avec une précision étonnante. Son domestique, à l'audition de cette merveille, tomba, dit-on, à ses genoux, et tous deux s'embrassèrent en pleurant de joie.

» Vaucanson exposa en public, peu de temps après, un *joueur de tambourin* et *de galoubet,* qui jouait une vingtaine d'airs ; puis *deux canards* qui barbotaient, allaient chercher le grain, le saisissaient dans l'auge et l'avalaient ; par un mécanisme de rouages intérieurs, le grain était ensuite trituré et arrivait à une décomposition complète....

» Vous me demanderez, peut-être, mes amis,

comment tout cela se faisait : je n'en sais rien, et je n'ai nullement la prétention de vous expliquer ces prodiges. C'est là le secret de la science. Contentons-nous d'admirer ici le génie d'invention de l'homme, sans chercher inutilement à le comprendre ; mais tirons du moins de tout ceci une pensée utile. Si l'homme, créature si bornée, peut fabriquer ainsi des machines merveilleuses auxquelles d'autres hommes ne comprennent rien, est-il donc bien étonnant que Dieu, l'Etre tout-puissant, soit à son tour le créateur d'œuvres plus merveilleuses encore, et que nous appelons *mystères* ou *secrets*, parce que les plus grands savants eux-mêmes ne peuvent les comprendre ?

» La renommée de Vaucanson avait porté son nom au loin : le roi de Prusse, jaloux d'attirer à sa cour tous les hommes remarquables, lui fit faire des propositions avantageuses : mais l'habile mécanicien les refusa, préférant rester en France et servir son pays. Le cardinal de Fleury, ministre de Louis xv, comprenant tout ce que pouvait un tel génie pour le progrès des arts industriels, lui confia l'inspection des manufactures de soie. Vaucanson, dans cet emploi qu'il devait à la seule supériorité de ses talents, ne s'acquit pas moins de gloire comme mécanicien utile, qu'il n'en avait obtenu d'abord comme mécanicien ingénieux et vraiment surprenant. Il inventa pour la préparation de la soie des moulins fort ingénieux et une *chaîne sans fin*, qui a reçu son nom. Il introduisit ainsi de nombreuses améliorations dans cette branche de l'industrie humaine, qui fait aujourd'hui la principale richesse de la grande cité lyonnaise.

» Comme Jacquard, habile mécanicien aussi, dont nous parlerons un autre jour, Vaucanson vit ses machines à *organiser* la soie, selon l'expression du métier, mal jugées, appréciées ; peu s'en fallut même qu'elles ne lui devinssent fatales. Dans un voyage qu'il fit à Lyon, il vit une sorte de complot tramé contre lui : des ouvriers, le poursuivirent à coups de pierres, et le menacèrent de le tuer, sous prétexte qu'il voulait diminuer l'importance de leurs travaux à l'aide de ses mécaniques. C'est alors que Vaucanson, voulant donner une leçon piquante à ce peuple trompé, se vengea avec esprit, en construisant, dans un court espace de temps, une machine avec laquelle *un âne exécutait des étoffes en fleurs* aussi parfaitement qu'on pouvait le désirer. Cette ingénieuse machine a été placée au *Conservatoire des arts et métiers*, à Paris.

» Un âne qui fabrique des tissus de fleurs, voilà

sans doute quelque chose de bien merveilleux, remarqua ici le docte mentor de la rustique assemblée. Mais que ne peut le génie de l'homme! Celui de Vaucanson, notre illustre artisan, se révéla encore par un aspic artificiel, imitant tous les mouvements ainsi que le sifflement de ce reptile. Le mécanicien avait imaginé ce nouvel automate pour la représentation d'une tragédie dans laquelle une reine se donne la mort par la morsure de cet animal [1]. Un poète satirique du temps, interrogé sur ce qu'il pensait de cette pièce, qu'on venait de jouer devant lui : « *Je suis de l'avis de l'aspic*, » répondit-il.

» La dernière conception de Vaucanson fut la création d'un automate qui devait imiter tout le merveilleux mécanisme de la circulation du sang. Le roi Louis xv s'intéressait fort, dit-on, à cette création prodigieuse, la plus hardie sans doute qu'ait osé entreprendre la mécanique imitative. Elle n'échoua que par suite de difficultés et de lenteurs suscitées au savant mécanicien, et contre lesquelles se révolta la noble indépendance de son génie.

» Vaucanson travailla jusqu'à la fin de sa vie à des ouvrages utiles. Les infirmités de la vieillesse n'arrêtèrent point son ardeur. Peu de jours

[1] *La Cléopatre*, de Marmontel.

avant sa mort, il s'occupait encore de la des-
cription d'une machine qui devait perfectionner
sa *chaîne sans fin. Pressez-vous*, disait-il aux
ouvriers, *je ne vivrai peut-être pas assez pour expliquer mon idée en entier.* Il disait vrai. Cet
illustre artisan, qui fut, non-seulement le plus
habile mécanicien de son temps, mais encore un
homme de bien, fut enlevé aux sciences et à
l'humanité le 21 novembre 1782. Il était membre
de l'Académie des sciences. Les services qu'il avait
rendus se perpétuèrent par ses soins généreux :
il légua à Louis XVI, par son testament, la col-
lection de ses machines, qu'il avait réunies dans
un hôtel, pour l'usage des arts industriels. Cet
hôtel qui prit le nom de *Vaucanson*, fut le premier fondement du musée industriel et artistique,
organisé depuis sous le nom de *conservatoire
des arts et métiers*, et où d'habiles professeurs,
entourés de toutes sortes de machines, font aujourd'hui aux ouvriers de la capitale ces cours
gratuits qui sont pour eux d'une si grande utilité.

» Il est un autre genre de mécanique imitative,
qui s'applique à rendre à un malheureux invalide, ou à toute autre personne, un bras, une
jambe, un membre quelconque enfin, dont un
boulet de canon ou quelque autre accident l'a
privé. Oh ! ce genre de mécanique est bien à coup

sûr l'un des plus utiles! Quel bienfait ne rend pas la science à un pauvre mutilé, lorsqu'elle lui restitue un de ces membres si chers, si indispensables! Or dans ce genre d'industrie, comme dans tout autre, la science n'a pas fait défaut. On cite particulièrement dans le dernier siècle un mécanicien, nommé *Laurent*, fils d'un simple éclusier de Bouchain, ville du Nord, qui, manquant presque entièrement d'instruction, devint célèbre par des prodiges de mécanique, et entre autres par un bras artificiel fabriqué pour un soldat invalide. A l'aide de ce bras, le soldat, qui avait perdu les deux siens, pouvait très-bien écrire. C'est ce qu'il fit en présence du roi, auquel il présenta un placet, qui valut sans doute à ce brave mutilé une pension ou tout au moins quelque bonne récompense. On cite encore, à l'époque de nos grandes guerres de la République, un nommé *Thouvenin*, qui obtint une médaille d'honneur pour l'invention d'une main artificielle imitant parfaitement tous les mouvements d'une main naturelle. L'extrémité des doigts était garnie de boutons mobiles qui, légèrement pressés, faisaient mouvoir des ressorts au moyen desquels s'exécutaient tous ces mouvements. Quelques années plus tard, en 1801, un nommé *Bernard*, maître d'écriture à

Paris, inventa un bras artificiel supplémentaire, dont l'ingénieux mécanisme donnait la facilité d'écrire et de tailler des plumes. Un invalide, qui avait laissé ses deux bras sur le champ de bataille, fit l'expérience de ce bras en présence d'une nombreuse assemblée. Il écrivit, tailla ses plumes avec tant de succès, que tout le monde en était dans l'admiration. Enfin, nous devons mentionner avec honneur la jambe artificielle en bois de tilleul évidé, inventée par *Daret* en 1818 : elle a, pendant la marche, la flexion du genou, comme la jambe naturelle, et on lui imprime tous les divers mouvements de celle-ci avec tant de facilité, que l'œil le plus attentif peut s'y tromper

» Long-temps avant tous ces personnages dont je viens de parler, un demi-siècle même avant Vaucanson, on avait déjà vu à Paris un religieux carme, le *P. Sébastien Truchet*, s'illustrer à son tour par de merveilleux travaux en mécanique. J'aurais peut-être dû vous en parler plus tôt, car il fut dans son temps aussi célèbre que Vaucanson, et l'Académie des sciences s'honora de l'admettre dans son sein. Sur la réputation de ce savant religieux mécanicien, un officier suédois vint à Paris lui redemander, pour ainsi dire, ses deux mains, qu'un coup de canon avait emportées : il ne lui restait que deux moignons au-dessus du coude. Il s'agissait de faire deux mains artificielles, qui n'auraient pour principe de leur mouvement que celui de ces moignons, distribué par des fils à des doigts qui seraient flexibles. Le père carme ne recula pas devant une telle entreprise. Il osa exposer aux yeux de l'Académie et du public *ses études*, c'est-à-dire ses essais, ses tentatives, et différents morceaux déjà exécutés qui devaient entrer dans le dessein général. Mais d'autres travaux plus importants ayant appelé ailleurs le P. Sébastien, il remit le tout entre les mains d'un mécanicien, dont il estimait le génie, et qu'il connaissait très-propre à suivre ou à rectifier ses vues. Celui-ci mit la main artificielle en état de se porter au chapeau de l'officier suédois, de l'ôter de-dessus sa tête et de l'y remettre... Le spirituel académicien qui rapporte ce fait termine par cette très-juste réflexion : « Après tout, peut-être se trompera-t-on plutôt en se défiant trop de l'industrie humaine qu'en s'y fiant trop [1]. »

» Il est un peu tard, mes amis, dit ici M. de Kervenant, nous avons cependant quelques minutes encore. Employons-les à parler d'un homme, célèbre dans un genre tout différent. Con-

---

[1] Fontenelle, *Eloge du P. Sébastien, carme.*

temporain de Vaucanson, mais non point son compatriote, car il naquit en Perse dans l'Asie, à plus
de mille lieues de la France, il a droit à son tour
à un souvenir reconnaissant. Une belle statue lui
a été érigée sur une magnifique promenade d'une
de nos grandes cités méridionales. D'où lui vient
un tel honneur? me demanderez-vous : Ecoutez-
moi bien tous, je vais vous l'apprendre.

» Je connaissais encore à peine de nom ce
personnage étranger, lorsque, il y a quelques
années, me trouvant dans Avignon, et me promenant un soir avec un ami sur la belle plate-
forme qui domine la cité, je vis pour la première
fois cette grande statue dont je viens de parler.
C'était là, sur le point culminant de cette délicieuse promenade des *Dons*, d'où l'œil contemple
un des plus beaux panoramas de l'univers, à
quelques pas de la cathédrale de *N. D. des Dons*,
et du gigantesque palais des papes. — Ah! ah!
dis-je tout d'abord, voilà sans doute la statue de
quelque pontife qui a régné dans Avignon, ou
tout au moins de quelque cardinal. — Oh! non;
vous n'y êtes pas, reprit mon ami. En appro-
chant je vis bien qu'il ne s'agissait nullement
d'un pape, ni d'un cardinal. — Quel est donc cette
statue, demandai-je enfin : car assurément ce
grand personnage en robe n'est pas non plus

Crillon, le héros avignonnais? — Allons, je vois bien que vous ne devineriez jamais, me dit mon compagnon; je vais donc tout vous apprendre. Eh bien, sachez que vous avez devant vous *Althen*, l'introducteur de la *garance* dans notre pays. Peut-être ignorez-vous son histoire; permettez-moi de vous la raconter.

» J'acceptai volontiers l'offre de mon ami; et tout en cheminant avec lui autour de la statue, et savourant l'air frais et embaumé du soir, j'écoutai le récit suivant, que je vous rapporte presque textuellement.

» Jean Althen naquit en Perse, l'an 1711. C'était le fils d'un grand seigneur, qui avait représenté son prince avec distinction à la cour de Vienne en Autriche. Il passa donc ses jeunes ans au sein du luxe, des richesses, et pour lui s'ouvrait un heureux avenir. Mais l'usurpation de Nadir-Chah, ou *Thamas Kouli-Khan*, ce conducteur de chameaux, qui de brigand devint roi de Perse et un célèbre conquérant, vint bientôt ruiner ses brillantes espérances. Le jeune Althen, dans le désordre de cette révolution, vit la fortune de sa famille détruite, tous ses parents massacrés; lui seul échappa à la mort, mais non point à l'exil et au servage.

» Amené dans l'Anatolie, le jeune proscrit y

travailla pendant quatorze ans à la culture de la garance et du coton ; et, dans la dure condition de l'esclavage, son courage ne l'abandonna pas. Doué d'un caractère à forte trempe, il se roidit contre les obstacles, il ne désespéra point d'un meilleur avenir. Un jour il trompa la vigilance de ses gardiens, s'enfuit de la maison de son maître, et se réfugia à Smyrne. Là, dans ce bazar du Levant, où nos agents consulaires avaient alors une haute influence, l'esclave fugitif alla s'abriter à l'ombre du drapeau français. Le consul le reçut avec bonté : quelque temps après, grace à ce protecteur, Althen s'embarquait pour Marseille, muni de lettres de notre ambassadeur à Constantinople, qui le recommandait à la cour de Louis xv.

» Dans le mince bagage du jeune persan se trouvait caché un petit sac de graines de garance, du sol de Smyrne, dont la qualité est bien supérieure à celle de nos climats. C'était le prix de l'hospitalité qu'il venait demander à la terre française. Cependant, arrivé à Marseille il ne rencontra pas dans cette grande cité l'appui qu'il attendait. faute d'argent, il ne put se rendre à Versailles. Que faire dans cette extrémité ? Une âme moins forte se fût livrée au découragement. Il n'en fut point ainsi d'Althen. Il avait appris, dans le malheur, à souffrir et à espérer ; il espéra donc, et ne cessa de fatiguer les puissants de ses sollicitations, en leur vantant les avantages de son trésor. Pendant assez long-temps il ne rencontra partout que refus ou promesses évasives. La Providence vint enfin à son aide. La dignité, la noblesse de ses manières, souvenir de ses premiers jours, le firent accueillir avec intérêt dans quelques familles marseillaises : et il devint l'époux d'une jeune provençale, qui lui apporta une dot de vingt mille écus. On ne mit qu'une seule condition au mariage : c'est qu'il embrasserait la religion catholique.

» Une dot de vingt mille écus, pour un proscrit privé de tout, c'était encore assez joli.... Althen aurait donc pu vivre heureux et tranquille. Mais un bonheur vulgaire n'allait point à notre homme. Il lui fallait une vie d'aventures et de projets. Il se rend donc à Versailles, parvient à s'introduire chez les ministres, et obtient même une longue audience de Louis xv, auquel il expose le plan du nouveau système de culture et de fabrication de la garance qu'il méditait. Son langage, plein de raison et de clarté, frappe tellement le prince qu'il lui accorde sur-le-champ la mission sollicitée. Althen, heureux de son succès, revient dans le midi, et va établir son exploitation aux environs de Montpellier.

» Nos paysans méridionaux ont leur routine, leurs préjugés, comme vous savez. Le pauvre Althen l'apprit à ses dépens. Au lieu d'être secondé par eux, il rencontra des obstacles imprévus. Oublié du roi et des ministres, qu'absorbaient alors de plus graves affaires, notre aventurier persan dévora en essais infructueux la dot de sa jeune compagne. Presque aussi pauvre qu'auparavant, il se décida donc à retourner à Marseille.

» Mais en traversant notre Comtat Venaissin, alors dépendant des états du Saint-Siège, Althen avait été frappé de l'analogie du sol avec celui de l'Anatolie : c'était, lui semblait-il, même température, même climat. Il s'imagina donc que la garance réussirait merveilleusement dans le Comtat. Voilà donc qu'après avoir réalisé les débris de sa fortune, il s'en vient à Avignon, dans l'espoir d'obtenir un plus sûr et plus solide patronage que sur la terre de France.

» Son attente ne fut point trompée. Une de ces familles nobles et opulentes d'Avignon, qui font bénir leur nom par leurs bienfaits, prit à cœur la cause d'Althen, et l'autorisa à tenter un premier essai sur une de ses terres. La garance réussit, et ce premier succès fut le présage de beaucoup d'autres. Bientôt le marquis de Caumont, homme d'un mérite supérieur, fut à son tour le généreux protecteur d'Althén, et lui permit de nouveaux essais sur ses terres. Ils réussirent mieux encore que les premiers. Voilà donc notre pays doté dès lors d'une nouvelle source de richesses. Le Comtat ne retira d'abord que peu d'avantages d'un si grand bienfait. Mais plus tard lorsque Avignon et le Comtat Venaissin furent réunis à la France, lorsque, par suite du blocus continental, l'industrie cotonnière eut pris un immense essor, lorsque, enfin, nos manufactures eurent obtenu un plus grand développement, alors la garance prospéra véritablement dans notre beau pays. Des débouchés assurés lui furent ouverts. Aujourd'hui, le seul département de Vaucluse n'en récolte pas, année commune, pour moins de vingt millions de francs. Aussi depuis cinquante ans la valeur du territoire a-t-elle presque centuplé. Tel lopin de terre, qui passait comme inaperçu, suffit aujourd'hui pour faire la fortune d'une famille entière. Jugez après cela si nous devons de la reconnaissance à Jean Althen, l'auteur de ce bienfait.

» On dit pourtant que ce bienfaiteur de toute une contrée mourut dans un état voisin de l'indigence, dans une petite maison qu'il tenait de la libéralité du marquis de Caumont (1774). Il ne laissait qu'une fille, laquelle après de longues et

vaines démarches pour améliorer son sort , mourut elle-même de misère, au milieu d'une population enrichie par les travaux de son père. Ces
faits sont peu honorables sans doute pour notre
pays , mais peut-être les a-t-on exagérés. Quoiqu'il en soit , le jour de la réparation long-temps
attendu est enfin arrivé. Déjà , en 1821 , le conseil général de Vaucluse, se souvenant d'Althen,
voulut acquitter une dette tardive de reconnaissance, en votant au Persan une tablette de marbre avec une inscription qui fut placée dans notre
musée. Enfin , dans ces dernières années, on lui
a érigé cette statue que vous voyez ici , et que
chaque Avignonnais salue avec respect. »

» Tel fut l'intéressant récit de mon ami d'Avignon. Je le remerciai, et après avoir salué à mon
tour la belle statue de Jean Althen , je redescendis la montagne des *Dons*, en répétant le nom
du bienfaisant personnage dont la ville d'Avignon honore si justement le souvenir. »

HUITIÈME SOIRÉE.

James Hargraves. — **Richard Arkwright**. — **James**. — **Watt**. — **Parmentier** (18e et 19e siècles).

« Nous continuerons ce soir à parler des machines et de leurs inventeurs, dit le savant magistrat en accueillant de nouveau ses auditeurs, de plus en plus assidus à ses leçons : aussi bien ce sujet est-il plus qu'aucun autre à l'ordre du jour. Mais aujourd'hui nous franchirons le détroit, et porterons nos regards sur l'industrieuse et savante Angleterre, qui, sur ce point, rivalise si bien avec la France. En fait d'industrie cotonnière, par exemple, voici d'abord un illustre artisan.

» C'est un simple charpentier, du comté de Lancastre, qui ne savait ni lire ni écrire, mais que la nature avait doué d'une rare intelligence. C'est lui qui le premier inventa ces belles machines, perfectionnées depuis, dont l'emploi est si commun aujourd'hui dans les manufactures, pour le tissage du coton. *James Hargraves* était son nom. Le métier à filer le coton, dit

Spiming-Jenny, ou tout simplement *Jeannette*, est l'œuvre de cet habile artisan. A l'aide de cette mécanique, qu'il inventa vers 1767, un seul ouvrier peut filer huit fils à la fois, et produire un travail égal à celui de trente à quarante fileuses au rouet. Hargraves ne tarda pas à construire une autre mécanique, au moyen de laquelle un mouvement régulier et continu de rotation est imprimé à vingt broches, et même à cent vingt lorsqu'on le juge convenable. Le problème était donc résolu : on pouvait désormais tisser le coton sur une très-grande échelle. L'inventeur devait espérer que sa découverte serait pour lui une source de richesses : hélas ! il en fut autrement. Les ouvriers des fabriques de son voisinage, craignant qu'elle ne les privât de leur travail et par suite de leurs moyens d'existence, se portèrent à d'indignes violences contre ses ateliers, et brisèrent plusieurs fois ses machines. Hargraves, ne pouvant plus rester dans le comté de Lancastre, se procura un brevet d'invention, et alla s'établir à Nottingham. Il n'y fut pas plus heureux. Des hommes avides s'emparèrent de sa découverte. Pour arrêter l'audace des plagiaires et faire valoir ses droits, il se lança dans la carrière des procès. Mais, ayant à lutter contre des personnes puissantes, il ne put surmonter les difficultés qu'on lui suscita. Ruiné, découragé et succombant sous le poids de l'injustice des hommes, Hargraves termina ses jours dans un hôpital. Ce ne fut guère que cinquante ans après sa mort, que le nom de cet habile et utile artisan est devenu en honneur dans le pays enrichi par ses travaux.

» Bien que de notables perfectionnements aient été apportés depuis par d'autres mécaniciens aux machines à filer, il est cependant vrai de dire que James Hargraves a donné l'exemple. C'est donc à lui le premier que les Anglais doivent le prodigieux développement pris chez eux par l'industrie du coton. Savez-vous quel est ce développement? Des documents officiels, produits il y a quelques années, l'ont fait connaître. Apprenez donc que les Anglais fabriquent annuellement pour *neuf cent millions de francs* de marchandises, sur lesquelles ils en vendent à l'étranger pour *quatre cent vingt-cinq millions.*

» *Richard Arkwright,* autre mécanicien anglais, améliora considérablement les inventions de James Hargraves. C'était un simple barbier de village, né en 1732, à Preston, ville du comté de Lancastre. Issu de parents pauvres, dont il était le treizième enfant, et qui ne purent lui donner aucune éducation, il exerça sa profession de barbier jusqu'à l'âge de 36 ans. Mais doué d'un génie naturel pour la mécanique, il travaillait pendant les heures de repos du rasoir à des essais de machines. Enfin il réussit, après des difficultés sans nombre, à exécuter une *machine à filer le coton*, d'une perfection admirable. Il prit en 1771 un brevet d'invention, établit une fabrique à Cromfort, dans le Derby ; et, plus heureux cette fois que James Hargraves, il fit bientôt une immense fortune. Il jouit aussi de divers honneurs. Ses concitoyens, voulant reconnaître les services importants qu'il avait rendus à l'industrie, le nommèrent *shériff* ou officier municipal du comté de Derby. Le roi lui donna même le titre de chevalier. Richard Arkwright, riche et honoré, mourut à Cromfort en 1792. L'invention de cet habile artisan a opéré une révolution dans la fabrique de coton : en réduisant presque à rien la main-d'œuvre, elle a permis à l'Angleterre d'abaisser prodigieusement le prix de ses marchandises.

» Voici venir maintenant un personnage plus célèbre encore dans la même industrie ; c'est l'illustre écossais, *James* ou *Jacques Watt*, l'un des princes dans les inventions des machines à vapeur. Il naquit à Greenock, en Ecosse, en 1736, d'une famille honnête et industrieuse, mais peu favorisée de la fortune, et annonça de bonne heure d'heureuses dispositions pour les sciences. A dix-neuf ans, songeant à prendre un état, il entra simple ouvrier chez un fabricant d'instruments de mathématiques, à Londres. Sa débile santé l'ayant forcé de revenir dans sa terre natale, il se fixa à Glascow, et à peine âgé de vingt ans, il devint fabricant d'instruments de physique de l'université de cette ville.

» Un serrurier de Darmouth, en Angleterre, appelé *Newcomen*, avait inventé, vers la fin du 17ᵉ siècle, la machine qui porte son nom, la première dans laquelle la vapeur ait été employée comme force motrice. James Watt fut chargé un jour par les professeurs de Glascow de réparer un modèle de machine construite d'après ce système, mais qui jamais n'avait pu fonctionner convenablement. Le génie clairvoyant de Watt découvrit bientôt les vices de construction de cette machine incomplète. Elle fut pour lui un objet spécial d'études, qui devint l'occasion de sa renommée. Il sut en effet apporter à la machine de *Newcomen* tous les perfectionnements essentiels dont elle était susceptible, et il eut la gloire d'en être comme le nouvel inventeur. On lui doit l'invention du *condenseur,* cet instrument si utile qui condense complètement la vapeur dans la ma-

chine atmosphérique de Newcomen , sans refroi-
dir en même temps le cylindre. On lui doit également l'emploi exclusif de la vapeur pour faire
jouer les pistons, la précision mathématique des
résultats , tous ces perfectionnements enfin à
l'aide desquels, depuis cette époque, cette machine a pu recevoir ses plus utiles applications.
Grace donc à James Watt, cette belle découverte,
qui depuis un demi-siècle languissait sans résultat, fut dès lors complétée. Des envieux, comme
il arrive toujours, la lui contestèrent cependant;
mais après de longs débats, un arrêt du roi reconnut ses titres à la gloire et à la reconnaissance
du pays. Cet illustre artisan s'est rendu célèbre
encore par beaucoup d'autres travaux utiles en
divers genres, mais ceux dont nous venons de
parler ont fait sa principale renommée. Il nous
suffit de les rappeler. James Watt , quoique
n'ayant reçu ni instruction ni fortune de ses parents, était devenu, par le travail et l'étude, un
des hommes les plus instruits de l'Angleterre.
Tout en continuant et en perfectionnant les essais
de Salomon de Caus, de Papin et de Newcomen,
il sut conquérir lui-même le titre d'inventeur.
C'est lui, on doit le reconnaître, qui a placé
d'une manière absolue sous la dépendance de
l'homme cette force nouvelle dont le rôle au-

jourd'hui est d'une application universelle. Honneur donc au laborieux génie qui, en créant la véritable machine à vapeur, a mis entre les mains de l'industrie humaine une puissance constante, uniforme, divisible à l'infini, susceptible d'une multitude d'applications, l'un des principaux agents enfin de la civilisation moderne.

» James Watt, jouissant d'une renommée européenne, comblé d'honneurs, de titres, et membre des plus savantes académies, mourut le 25 août 1819, âgé de 83 ans, dans sa terre d'Hoathfield, près de Birmingham. On lui a érigé une statue colossale, en marbre de Carrare, à Londres, dans l'ancienne *Abbaye de West-minster*.

» Faisons trève un instant aux inventeurs des machines. Consacrons le reste de cette soirée à parler d'un homme qui fut *inventeur* aussi, quoique dans un genre différent. Il a doté la France d'un bienfait dont pas un de vous, mes amis, ne contestera le prix : tous, sans exception, vous avez bien des fois goûté de ce bienfait, et vous avez pu en apprécier la valeur. Cet homme, qui naquit en France, a bien mérité de son pays. Aussi lui a-t-on érigé une statue dans sa ville natale, en Picardie ; c'est Parmentier, qui a fait connaître la *pomme de terre*.

» Il fut un temps, mes amis, encore peu éloigné de nous, où la *pomme de terre* était regardée comme une plante dangereuse. Selon le dire populaire, cet aliment faisait dégénérer l'espèce humaine, et lui donnait d'affreuses maladies ; la lèpre, par exemple. On disait de plus que la pomme de terre épuisait les terrains fertiles et ne pouvait réussir en des terrains médiocres. Ces préjugés généralement répandus faisaient repousser de nos contrées ce précieux végétal déjà cultivé dans les pays du nord. En France, on croyait la pomme de terre bonne tout au plus pour les porcs et les autres animaux. Il était réservé à *Parmentier* de détruire entièrement ce préjugé funeste, et de se montrer parmi nous sur ce point un des bienfaiteurs de l'humanité.

» *Antoine–Augustin Parmentier* naquit, en 1737, dans la petite ville de Montdidier, en Picardie, d'une famille honorable mais peu aisée. Privé de son père dès ses jeunes ans, il fut élevé par sa mère, femme d'un caractère supérieur. Un vénérable curé, ami de ses parents, lui enseigna les éléments de la langue latine. A seize ans, Parmentier, désireux de se rendre utile à sa famille, entra chez un pharmacien de sa ville natale. L'année suivante, il vint à Paris, où l'appelait un de ses parents qui exerçait la même profession.

» Deux ou trois ans plus tard, le jeune élève pharmacien suivait nos soldats sur les champs de bataille, non point pour combattre, mais au contraire pour guérir les blessures. La guerre de Hanovre venait d'éclater. Attaché au service d'ambulance de notre armée, Parmentier montra tant d'habileté et de courageux dévouement, lors d'une affreuse épidémie qui décima cruellement nos braves soldats, qu'il fut élevé promptement au grade de pharmacien en second. L'intrépide jeune homme ne s'exposait pas seulement dans les hôpitaux : on le voyait encore pratiquant son art bienfaisant sur les champs de bataille. Il fut fait cinq fois prisonnier, mésaventure qu'il se plaisait souvent à rappeler avec sa gaieté naturelle : « L'habileté des hussards prussiens à me déshabiller était vraiment merveilleuse, disait-il quelquefois ; c'étaient les meilleurs valets de chambre que j'eusse jamais rencontrés. »

» Assez rigoureusement détenu, et réduit à la ration des prisonniers qu'on nourrissait de pommes de terre, le jeune pharmacien captif, dans ses loisirs forcés, avait tout le temps de ré-fléchir sur la nature et l'utilité du précieux tubercule. C'est ce qu'il fit en homme sage, au lieu de s'indigner, comme faisaient sans doute ses compagnons d'infortune, contre cet aliment nouveau. Il se promit bien alors de ne pas l'oublier dès que la liberté lui serait rendue. Nous allons voir s'il fut fidèle à sa promesse.

» La paix l'ayant ramené dans sa patrie, Parmentier vint à Paris, où il suivit assidûment des cours de physique, de chimie et de botanique, sous les plus célèbres professeurs. Il s'imposait les plus dures privations pour acheter des livres ou payer ses leçons ; encore trouvait-il moyen de transmettre quelque argent à sa mère pour l'aider à subvenir à ses besoins. Bientôt, cependant, il lui fut permis de goûter les douceurs du repos et de l'aisance. En 1766, il obtint au concours la place de pharmacien adjoint à l'hôtel des Invalides. Trois ans après, il recevait, pour récompense de son zèle et de ses travaux, le brevet de pharmacien-major, qui le fixait d'une manière définitive dans ce bel établissement.

» C'est alors surtout que le souvenir de sa captivité en Allemagne, et de la *pomme de terre*, son aliment quotidien de cette époque, revint à l'esprit de Parmentier. Originaire de l'Amérique méridionale, cette plante précieuse avait été apportée en Europe vers la fin du seizième siècle. Mais l'Italie, l'Allemagne, l'Angleterre, l'Irlande, la Hollande la possédèrent avant la France. Comme nous l'avons dit, elle y était l'objet de préjugés bizarres. Parmentier, s'étant bien convaincu que l'homme devait trouver un aliment excellent dans cette racine, résolut d'attaquer avec courage et persévérance tous les préjugés soulevés contre elle par l'ignorance et la routine.

Certain qu'il rencontrerait partout des obstacles insurmontables, Parmentier, pour atteindre son but, s'adressa en haut lieu : c'est au roi Louis xvi lui-même qu'il vint communiquer ses projets et ses plans. Il sollicita et obtint de ce bon prince, pour l'essai qu'il méditait, cinquante arpents de la *Plaine des Sablons*. C'était, comme son nom l'indique, un terrain sablonneux, qu'on laissait en friche à cause de sa stérilité. Parmentier l'avait choisi tout exprès de préférence, afin de montrer combien la pomme de terre était de facile culture. Il confia donc à ce terrain aride sa plante favorite, et attendit avec confiance le moment de la floraison. Les pommes de terre réussirent au-delà de toutes ses espérances. Emerveillé du succès qu'il venait d'obtenir, Parmentier court cueillir la première fleur, et se rend à

Versailles avec son bien-aimé trésor, pour l'offrir au monarque. Louis XVI accepte la fleur avec un sourire de bonté ; puis, au milieu d'une foule de courtisans, il en décore la boutonnière de son habit.

» De ce moment la cause de la pomme de terre fut gagnée. Les grands seigneurs et les dames de la cour s'empressèrent, à l'exemple du roi, de féliciter Parmentier. Celui-ci était heureux. Quelques jours après, on vint lui annoncer qu'une partie de ses pommes de terre avait été volée pendant la nuit. « Tant mieux, s'écria-t-il tout joyeux ; si on vole la pomme de terre, c'est la meilleure preuve qu'il n'existe plus de préjugé contre elle. » Et il récompensa largement le porteur de cette bonne nouvelle. A quelque temps de là, Parmentier donna un grand repas, où assistèrent les notabilités scientifiques de l'époque, comme Franklin, Lavoisier, etc. Le tubercule de la *plaine des Sablons*, déguisé sous toutes les formes, fit à lui seul, dit-on, tous les frais du festin, qui n'en fut pas moins jugé d'un très-bon goût. Les généreux efforts de Parmentier avaient donc été couronnés d'un entier succès. La pomme de terre prit, à partir de ce jour, le nom de *parmentière*. On doit regretter que cette appellation ne soit pas restée dans le langage habituel.

C'était comme un monument impérissable de la reconnaissance publique, élevé à bien peu de frais.

» On doit encore à cet homme de bien de grands éloges pour avoir propagé sur notre sol la culture du *maïs* et de la *châtaigne*. Voué à l'étude des substances alimentaires, il introduisit aussi parmi nous le sirop de raisin, ce *sucre du pauvre*, disait-il, comme dans sa pensée charitable la pomme de terre en était *le pain*. L'économie domestique et l'agriculture lui sont redevables de bien d'autres bienfaits. Il perfectionna la boulangerie, art si nécessaire, sur lequel il a laissé un traité spécial [1]; il fit adopter la mouture économique qui donne un seizième de farine en sus; il décida le gouvernement à créer une école de boulangerie. Enfin ce savant agronome a su par ses recherches se montrer sur une foule d'objets de première nécessité le bienfaiteur de son pays. Apprécié selon son mérite, il fut chargé des plus honorables fonctions, et devint membre de l'Institut. Ses utiles travaux lui valurent l'estime et l'affection de tous les savants, ainsi que la reconnaissance de tous ses concitoyens. Parmentier mourut le 17 décembre 1816.

[1] *Traité sur l'art de la boulangerie*, 1778.

NEUVIÈME SOIRÉE.

« Parmi les illustres artisans dont la persévérance et le génie ont doté notre pays d'une branche de travail éminemment productive, nous citerons aujourd'hui un nom peut-être inconnu de beaucoup d'entre vous, mais qui cependant a bien droit à son tour à nos respects, à notre gratitude. Quand on traverse la gracieuse vallée de Jouy, aux environs de Versailles, on découvre un beau château, et puis tout auprès d'immenses bâtiments avec jardins, qu'on juge tout aussitôt être ceux d'une grande manufacture. On ne se trompe point : c'est là en effet une manufacture de *toiles peintes*, de la plus haute importance, et dont les produits sont renommés dans toute l'Europe. Disons quelques mots de son fondateur, dont l'histoire n'est pas sans intérêt.

» Né à Weissenbach, ville de Bavière, en 1738, *Christophe-Philippe Oberkampf* était fils d'un teinturier. Homme inventif et laborieux, Oberkampf père avait établi une fabrique de toiles peintes dans la ville d'Aarau, en Suisse, où pour prix de ses services, il avait été naturalisé. Sous un maître aussi habile, le jeune homme acquit de précieuses connaissances, qui plus tard devaient assurer sa fortune et sa renommée.

» Plein de son projet de fonder à son tour une fabrique, Oberkampf se mit un jour en route pour Paris avec une somme de vingt-cinq louis, fruit de ses économies. Il n'avait alors que 19 ans. Après bien des démarches et des sollicitations, il obtint, en 1759, la permission de former un établissement : tout aussitôt il se mit à l'œuvre.

» Il avait remarqué dans les environs de Versailles, dit un historien, une contrée déserte située dans la vallée de Jouy. C'est là qu'il jeta les fondements de sa manufacture de toiles peintes. Un immense marécage rendait ce lieu fort malsain ; d'ingénieux travaux le desséchèrent et en firent un séjour agréable et salubre. Dans les commencements, Oberkampf, réduit aux seules ressources qu'il trouvait en lui-même, vivait seul dans une petite maison de paysan, remplissant tour à tour les fonctions de dessinateur, de fabricant de formes, d'imprimeur et de peintre. Mais bientôt sa solitude se peupla d'une manière surprenante. Il forma d'habiles élèves qui le secondèrent dans ses travaux : peu à peu son exploitation s'agrandit et prospéra; des milliers d'ouvriers et d'industriels vinrent y apporter leur travail et leur talent; et, malgré les persécutions et les tracasseries auxquelles Oberkampf était en butte, il eut l'honneur d'affranchir la France, par l'exhibition de ses produits, du tribut considérable qu'elle payait à l'étranger.

» D'année en année, la manufacture de Jouy recevait de notables accroissements. Oberkampf entretenait en Angleterre, en Allemagne, et même aux Indes et en Perse, des agents qui lui procuraient toutes les connaissances techniques relatives aux secrets de son art, surtout à la teinture. On parvint à faire à Jouy des toiles peintes transparentes pour stores de fenêtres, coloriées et dessinées, à la manière des anciens vitraux des églises, et qui, frappées par la lumière, faisaien un effet merveilleux.

» Avant la révolution, Oberkampf était déjà en possession d'un renom immense. Le roi Louis XVI, pour le récompenser d'avoir créé une branche d'industrie si intéressante, voulut lui conférer des titres de noblesse; mais Oberkampf eut la sage modestie de refuser un honneur qui ne pouvant qu'éveiller l'envie. Pendant la terreur, ce ne fut pas sans peine qu'il échappa à la proscription et à la mort.

» A l'exposition de 1806, Oberkampf obtint la

13

médaille d'or... Napoléon, dont la grande pensée embrassait tout ce qui pouvait contribuer à la prospérité de son empire, n'eut garde de négliger le mérite éminent d'Oberkampf... Quand il visita la manufacture de Jouy, il détacha sa propre croix pour en orner la poitrine du grand artisan. A une seconde visite, il lui adressa ces paroles remarquablement flatteuses : « Vous, comme fondateur de Jouy, et moi, comme empereur, nous faisons aux Anglais une guerre acharnée; vous les battez avec l'industrie comme je les bats avec les armes. Cependant, il faut l'avouer, votre mode de guerroyer vaut mieux que le mien. »

» Dans ce temps-là même, Oberkampf était occupé de la recherche des moyens d'imiter les Anglais en employant des machines à filer et à tisser le coton : ce fut l'origine de la filature de coton d'Essonne, la première qui fut établie en France.

» En 1790, le conseil général du département, reconnaissant des services rendus par Oberkampf, avait décerné une statue à cet illustre fabricant; mais celui-ci, modeste comme il l'avait été du temps de Louis XVI, déclina ce nouvel honneur. Sous l'empire, il refusa également la dignité de sénateur qui lui était offerte de la part du chef de l'Etat.

» Il est temps, mes amis, de vous parler de cet autre artisan célèbre, qu'on peut appeler à juste titre le *bienfaiteur de l'atelier*, de *Jacquard*, auquel la ville de Lyon reconnaissante vient d'ériger une statue.

» *Joseph-Marie Jacquard* naquit à Lyon le 7 juillet 1752. Son père était maître ouvrier en étoffes de soie. Placé d'abord dans un atelier de reliure, il y resta quelques années, et y fit preuve de goût et d'intelligence ; mais son génie l'appelait ailleurs. La vue d'une machine de Vaucanson lui révéla son génie. En attendant, nous le retrouvons plus tard dirigeant un commerce de chapeaux de paille dans une petite maison provenant de l'héritage paternel. En 1793, lors du siège mémorable de Lyon, il eut la douleur de voir sa maison dévorée par les flammes. Compris sur la liste de proscription, Jacquard fut contraint de quitter la terre natale. Un fils qu'il avait dans les rangs de l'armée républicaine fut son sauveur. Le couvrant de son uniforme, ce brave jeune homme le fit inscrire dans le bataillon de volontaires où il servait, et tous deux volèrent à la défense de la frontière. Mais arrivé sur le Rhin, Jacquard eut le malheur de voir son digne fils, frappé mortellement d'une balle, expirer dans ses bras. Quelque temps après, lorsqu'un peu d'ordre et de repos fut rendu à la France, Jacquard rentra dans la vie civile; et de retour à Lyon il s'y livra à l'étude de la mécanique, vers laquelle l'entraînait un irrésistible penchant.

» C'est alors qu'il inventa ce fameux métier, destiné à immortaliser son nom, ce métier qui a révolutionné l'industrie du tissage. Jacquard était parvenu à fabriquer cet instrument des ouvriers en soie, en combinant deux principes de mécanique qui, employés isolément, concouraient au même but sans l'atteindre. Avant son invention, les machines, chargées de cordes, de pédales et d'autres accessoires, rendaient nécessaires au tisserand l'adjonction de compagnons servants, dits *tireurs de cordes*, dont le travail était fort pénible. L'appareil ingénieux de notre mécanicien simplifia grandement ces machines, en soumettant cette manœuvre d'un procédé régulier, mis en mouvement par une simple pédale, que l'ouvrier fait jouer très-aisément. Le *métier à la Jacquard*, suppléant ainsi par un procédé mécanique aux efforts des compagnons, permet au tisseur de travailler seul, et rend inutiles désormais des travaux fort rudes ou insalubres, qui finissaient presque toujours par déformer les malheureux enfants ou jeunes gens condamnés à les exécuter. On doit donc reconnaître que Jacquard a été réellement, dans le champ de l'industrie, un bienfaiteur de l'humanité.

» Cette belle invention, si glorieuse pour son auteur, parut à l'exposition de 1801. Le premier consul, ayant compris tout d'abord quelle révolution elle allait produire dans l'industrie française, récompensa Jacquard par une pension de 6,000 francs. Mais lorsque notre mécanicien retourna à Lyon avec son ingénieuse machine, il fut loin d'y trouver l'accueil qu'il méritait. Il se vit persécuté par ses concitoyens, qui, au lieu de l'encourager, l'accablèrent de dégoûts, et menacèrent même ses jours : « Lui, l'homme du peuple, comme dit un biographe, fut aux yeux de la multitude passionnée, de la foule ignorante ou égarée, de l'égoïsme aveugle et sourd, un objet de haine et de réprobation. On fit passer Jacquard pour un ambitieux, un ennemi des travailleurs, de ses frères, des ouvriers en soie, dont son invention, disait-on, allait ruiner l'industrie et accroître la misère. » Telles étaient les préventions sans nombre, les préoccupations fâcheuses, les dispositions hostiles qui devaient saluer l'apparition de l'œuvre la plus utile qu'ait créée le génie des arts, joint à celui de l'industrie.

» Aussi Jacquard, un instant découragé, désespérant de pouvoir se faire comprendre de la routine, de la passion ou de la haine, sembla-t-il renoncer pour quelque temps à son projet et à sa mission; et, reléguant dans un grenier son mécanisme admirable, il appela de tous ses vœux des jours meilleurs, des jours qui lui permissent enfin de devenir, malgré eux, le bienfaiteur de ses concitoyens.

» On assure que le métier de Jacquard fut brisé sur la voie publique, aux applaudissements de la multitude, et que trois fois la vie de l'inventeur fut menacée. Ainsi l'on s'obstinait à méconnaître les immenses avantages de cette importante découverte : on n'avait égard ni à la diminution des bras à employer, ni à l'économie de main-d'œuvre, ni à l'allègement des souffrances des pauvres ouvriers *canuts* que l'ancien métier mettait pour ainsi dire à la torture. La jalouse malveillance ne voulait voir dans toutes ces améliorations qu'une perte de salaire pour le plus grand nombre, et continuait d'exploiter cette opinion. Les préjugés à l'égard de cette machine ne se dissipèrent que lorsque la France commença à éprouver les effets de la concurrence étrangère. Alors seulement, on adopta le *métier Jacquard*. En 1819, un jury plus éclairé décerna à l'inventeur la médaille d'or. La croix d'honneur compléta cette récompense nationale.

» Le *métier Jacquard* est aujourd'hui le seul dont les ouvriers lyonnais fassent usage. Cette invention, qui a donné long-temps une grande supériorité à l'industrie de la cité si commerçante de Lyon, a été depuis appliquée dans toutes les villes manufacturières de l'Europe, non-seulement à la fabrication des étoffes de soie, mais encore à celle de toute sorte de tissus. Dans tous ces grands centres d'industrie, le nom de *Jacquard*, désormais devenu populaire, est honoré comme celui d'un des meilleurs amis des ouvriers.

» Le mérite de Jacquard n'avait d'égal que sa modestie et son désintéressement. Il négligea même d'exploiter les divers brevets d'invention qui lui avaient été accordés. La découverte qu'il avait faite d'un autre procédé pour la confection des filets destinés à la pêche maritime, ne lui procura aucun avantage, tandis que d'autres en avaient tiré de grands profits. Quand on en faisait la remarque à Jacquard : « Je ne m'en plains pas, disait-il, il me suffit d'avoir été utile à mes concitoyens, et d'avoir mérité quelque part dans leur estime. »

» Cet homme de bien, ami de son pays, refusa, des offres magnifiques que lui firent les étrangers. Sur la fin de sa vie, devenu veuf d'une compagne pour laquelle il avait conservé le plus tendre attachement, il se retira au joli village d'Oullins, près de Lyon, dans une petite maison dont on lui avait légué la jouissance. C'est là que, partageant son temps entre la culture d'un petit jardin et les exercices de la religion, cet homme, dont le nom était européen, recevait la visite d'illustres voyageurs, des savants, des hommes d'État, empressés de le voir et de le féliciter. C'est là enfin, dans cette existence paisible, qu'il termina son utile carrière le 7 août 1834, à l'âge de 84 ans. Les habitants du village lui ont consacré dans leur église une épitaphe simple et modeste, qui résume en peu de mots la vie pure et laborieuse de Jacquard. Six années plus tard, le dimanche 16 août 1840, la ville de Lyon inaugurait sur l'une de ses places une belle statue érigée en l'honneur de ce grand citoyen.

» Parmi les illustres artisans qui furent contemporains de Jacquard, je trouve un célèbre mécanicien-horloger, dont l'histoire doit nous arrêter un instant. C'est *Bréguet*, qui de simple ouvrier, devint membre de l'Institut, et fut digne de cet honneur pour avoir plus qu'aucun autre peut-être perfectionné son utile industrie et l'avoir élevée à la dignité d'une véritable science.

» *Abraham-Louis Bréguet* naquit à Neufchatel, en Suisse, en 1747, d'une famille d'origine française, qui vers la fin du dix-septième siècle était venue s'établir dans cette contrée. Cette famille ayant éprouvé des revers, le jeune Bréguet comprit de bonne heure qu'il ne devait compter que sur le produit de son travail, et qu'il lui fallait devenir l'artisan de sa fortune et de sa gloire. Cependant les commencements de ce jeune homme n'étaient nullement d'un bon augure. Entré au collége à douze ans, il n'y apprit rien, et donna à ses maîtres une médiocre opinion de son intelligence. Sa mère s'étant remariée avec un horloger, on lui fit quitter le collége, et son beau-père voulut lui apprendre son métier : peine inutile encore, l'apprenti, ne recevant ces leçons qu'avec répugnance, ne fit pas plus de progrès dans l'atelier que sur les bancs du collége.

» Heureusement une circonstance vint secouer pour ainsi dire ce génie si lent à s'éveiller. Il avait été transplanté de la maison paternelle chez un horloger de Versailles, homme de talent. De ce moment sembla commencer son existence intellectuelle. Il prit goût à son art ; ses moyens se développèrent peu à peu ; bientôt, avec une studieuse persévérance, ils se changèrent en une véritable habileté. Vint enfin l'expiration du temps de l'apprentissage ; et comme le maître exprimait à l'élève la satisfaction que lui avaient donnée sa conduite et son travail, il fut frappé en entendant cette réponse :

» Maître, j'ai une grace à vous demander ; je sens que je n'ai pas toujours bien employé le temps dont le produit devait vous indemniser des soins et des leçons que vous m'avez donnés ; je viens donc vous supplier de me permettre de continuer de travailler encore trois mois chez vous sans salaire. »

» Cette requête pleine de délicatesse établit une tendre affection entre le maître et l'élève. Mais à peine celui-ci était-il sorti d'apprentissage qu'il perdit sa mère et son beau-père, et se trouva seul avec une sœur aînée, chargé de pourvoir, par son travail, à la subsistance de deux personnes. Cependant il éprouvait un vif besoin de compléter son instruction ; il sentait que le secours des mathématiques lui était indispensable pour se perfectionner dans son art. Son courage fit face à tout ; il travailla sans relâche pour sa sœur et pour lui-même, et il trouvait encore le moyen de suivre régulièrement un cours public que l'abbé Marie faisait alors au collége Mazarin. Le professeur, ayant remarqué la ponctuelle assiduité du jeune horloger, en fit son ami et se plut à le considérer comme son disciple bien-aimé. Cette amitié, qui s'était formée sous les auspices de l'estime la plus vraie, de la plus affectueuse reconnaissance, contribua merveilleusement aux progrès de l'élève.

» Bientôt ses idées s'étendent, son travail acquiert plus de précision, un nouvel horizon semble s'ouvrir devant lui. D'habile ouvrier, il va devenir savant artiste. Quelques années encore, et l'auréole de l'illustration entourera le nom de Bréguet.

» Quand la révolution éclata, Bréguet avait déjà fondé l'établissement qui depuis produisit tant de chefs-d'œuvre d'horlogerie et de mécanique. Sa réputation commençait à se faire jour. Les suffrages les plus honorables et les plus flatteurs lui étaient réservés.

» Un jour, une montre qu'il avait faite tombe entre les mains d'Arnold, célèbre horloger anglais. Celui-ci l'examine avec étonnement; la simplicité du mécanisme, la perfection du travail le remplissent d'admiration. Lui, anglais, il ne peut se persuader qu'une pièce aussi habilement exécutée soit le produit d'une industrie française. Cédant alors à l'amour de son art, il se met sur-le-champ en route pour Paris, sans autre but que de faire connaissance avec l'artiste français. Il arrive, et soudain ces deux hommes, qui ne se connaissent point, se trouvent unis par une noble amitié ; et, pour donner à son nouvel ami un touchant témoignage d'estime et d'affection, Bréguet veut qu'il emmène son fils ; il le lui confie avec joie, pour qu'il s'initie aux secrets de son art. Bel exemple de modestie et de confiance, digne d'être proposé aux hommes de talent, si souvent divisés par de jalouses et haineuses rivalités.

» Le premier établissement de Bréguet fut détruit par l'orage révolutionnaire. Ce grand artiste fut même forcé d'aller chercher un asile sur la terre étrangère. Là, de généreux secours le mirent en état de continuer, secondé par son fils, ses ingénieuses recherches sur son art. Enfin, après deux ans d'absence, revenu à Paris, il y ouvrit un nouvel établissement dont la prospérité ne fit que s'accroître de jour en jour jusqu'en 1823, époque où la France perdit cet homme qui avait illustré son industrie. Bréguet était membre de l'Institut. Il avait été nommé successivement horloger de la marine, et membre du bureau des longitudes [1].

» Quant au détail des travaux de Bréguet, il serait trop long de l'énumérer. Il perfectionna d'abord les montres perpétuelles qui se remontent toutes seules. Bientôt après, il inventa des

[1] Edouard Foucaud, *les Artisans illustres.*

ressorts-timbres, des *cadratures* de répétition, des *échappements* de toutes sortes, d'une délicatesse et d'une précision inouie jusqu'alors. Cet habile mécanicien a enrichi la science d'un grand nombre de *chronomètres*, de *pendules astronomiques*, d'*horloges marines* et de *thermomètres métalliques*. Un critique judicieux, et bon juge en pareille matière, parle ainsi de Bréguet, dans une savante appréciation des travaux de l'industrie moderne : « Le plus célèbre horloger dont les découvertes honorent le demi-siècle dont nous écrivons l'histoire, est *Louis Bréguet*, qui, dans cinq expositions consécutives, a mérité la récompense du premier ordre. Bréguet a perfectionné toutes les parties de son art; rien n'est plus délicat et plus ingénieux que son échappement libre à force constante; un autre mécanisme encore plus parfait est celui de l'échappement double. » Plus loin, le même écrivain, après une explication détaillée de ces travaux, ajoute : « Pour l'avantage qui résulte d'un grand exemple, nous sommes heureux de pouvoir dire que Bréguet a commencé par être *simple ouvrier*. C'est à cela qu'il a dû d'être le meilleur juge et le meilleur ami des bons ouvriers; il les cherchait partout, même à l'étranger, les perfectionnait en grand maître, et les traitait en bon père; ceux-ci lui devaient le bien-être, et lui leur dut l'accroissement de sa fortune et de sa gloire. Dès sa jeunesse, il a senti la nécessité d'apprendre les éléments du calcul et de la géométrie, pour les appliquer à son art; puis il est devenu l'horloger des gouvernements et des rois. Pour suffire à toutes les demandes de l'opulence et du luxe, il a fallu qu'il découvrît l'art de créer, de multiplier des chefs-d'œuvre produits en fabrique, par une savante répartition du travail entre des mains plus ou moins capables. Il a fait aimer aux gens du monde, par l'élégance et la beauté d'aspect de ses ouvrages, leur premier mérite, l'extrême précision. Cette précision, il l'a portée jusque dans le mécanisme des plus simples montres, qu'il a réduites à des proportions plus élégantes, à des épaisseurs plus commodes, sans rien ôter à leur solidité [1]... »

» Mais, en parlant de montres, dit ici M. de Kervenant, j'oublie, mes amis, qu'il est l'heure de nous séparer... Les montres nous rappellent à notre *devoir*, nous avertissent que l'heure du *plaisir* est écoulée. La montre est le régulateur de tous nos moments, ces moments si précieux, dont chacun peut nous faire mériter une éternité de bonheur et de gloire !

[1] Le baron Charles Dupin.

DIXIÈME SOIRÉE.

Erard. — Michel Brezin (18ᵉ et 19ᵉ siècles).

» Mes amis, dans le 18ᵉ siècle, je découvre encore deux artisans célèbres, nés vers la même époque, et qui vont faire les frais de notre soirée. C'est d'abord un facteur de pianos et de harpes, puis un serrurier, fondeur de canons. Le nom du premier rappelle des sons bien harmonieux; le souvenir de l'autre ne rappelle en apparence que les sons bien différents d'une grosse enclume; mais il a attaché son nom à une fondation éminemment utile; et, n'eût-il pas été très-habile lui-même dans son art, il aurait encore, à ce seul titre, droit de cité dans notre galerie industrielle. A tout seigneur, tout honneur : commençons par le musicien; le batteur d'enclume aura son tour.

» *Sébastien Erard,* né à Strasbourg, en 1752, d'un fabricant de meubles, doit être regardé comme le créateur en France du bel instrument connu sous le nom de *piano.* Avant lui, il y avait des épinettes, des clavecins, sur lesquels tapotaient les doigts de nos grand'mères et de nos tantes. Les sons aigres, discordants, de ces pauvres instruments, faisaient pourtant les délices des salons. Nos pères, dont l'oreille était sans doute moins délicate que la nôtre, se contentaient de ces maigres accords. Mais à l'apparition des premiers pianos d'Erard, il s'opéra, on doit le dire, une révolution au profit des oreilles sensibles au charme de l'harmonie musicale; alors, comme l'a dit un spirituel musicien, le clavecin fut relégué dans les greniers, et n'en sortit que pour aller finir ses destinées au foyer domestique [1].

» Arrivé à Paris à l'âge de seize ans, Erard se plaça chez un facteur de clavecin, dont il devint bientôt le plus habile ouvrier. Etant sorti des ateliers de son premier maître, où il avait beaucoup appris, il fut demandé par un autre facteur, qui vint lui proposer un arrangement particulier : il s'agissait d'exécuter un instrument dont la construction exigeait des connaissances spéciales, différentes de celles qui présidaient à la fabrication des clavecins ordinaires. Mais il fut stipulé que le facteur mettrait seul son nom sur le nouvel instrument. Erard accepta l'offre, et fit de son mieux : c'était un petit chef-d'œuvre.

[1] Castil-Blaze.

Quand le clavecin fut livré, l'amateur qui l'avait
commandé fut si charmé de la perfection du travail, qu'il douta si son facteur en était réellement l'auteur. Voulant s'en assurer, il vint donc
lui adresser diverses questions sur le mécanisme
de l'instrument et sur les résultats nouveaux
qu'il en avait obtenus. Notre homme, pris au dépourvu, ne sut trop que répondre : il balbutia,
s'expliqua mal ; bref, force lui fut enfin de con-
venir que le clavecin était l'œuvre d'un jeune
homme nommé *Erard*.

» Ce premier succès, et quelques autres qui le sui-
virent, étendirent bientôt la réputation d'Erard :
à vingt-cinq ans, il était admis et recherché dans
les sociétés les plus distinguées. Une grande et
noble dame, qui aimait et protégeait les arts,
voulut concourir aux progrès du jeune artiste [1].
Elle lui commanda un piano. Cet instrument,
récemment inventé en Saxe par Silbermann, était
alors presque inconnu en France. C'était donc
une sorte de défi. Sûr de son talent, Erard l'accepta sans hésiter ; et, peu de temps après, l'instrument était terminé. Ce premier piano français,
entendu dans les salons de cette noble dame par
tout ce que Paris renfermait d'amateurs et d'artistes remarquables, produisit la plus vive im-

[1] La duchesse de Villeroy.

pression et enleva tous les suffrages. Il fut reconnu bien supérieur à tout ce que l'on connaissait jusqu'alors dans ce genre en tous pays. A dater de ce jour, Erard fut adopté par la mode, cette reine de l'opinion : chacun voulut avoir un piano fabriqué par lui. Le jeune facteur forma un établissement avec le concours de son frère, Jean-Baptiste Erard, et vit ses succès s'accroître chaque année. Ses pianos se répandirent non-seulement en France, mais encore à l'étranger. Dans la seule année 1793, un commissionnaire de Hambourg, ville d'Allemagne, vendit plus de deux cents pianos d'Erard.

» Nous ne décrirons point ici tous les perfectionnements qu'imagina l'habile artiste pour l'instrument qu'on peut appeler aujourd'hui le *roi des salons*. Citons seulement l'un d'eux, qui avait pour objet de mettre tous les morceaux de musique au diapason des voix de peu d'étendue. Un piano lui ayant été commandé par l'infortunée reine Marie-Antoinette, Erard eut l'idée de rendre mobile le clavier de l'instrument, au moyen d'une clef qui le faisait monter ou descendre à volonté d'un demi-ton, d'un ton ou d'un ton et demi. Ce fut aussi à l'occasion de ce même instrument d'une auguste reine, qu'il fit le premier essai de *l'orgue expressif* par la seule pression du doigt. A l'aide de cette pression, l'on augmente ou diminue à volonté le son, et l'on peut nuancer les inflexions comme le pourrait faire la voix la plus flexible. Un grand musicien, qui a écrit de savantes pages sur son art, appelait cette *trouvaille* ingénieuse, *la pierre philosophale en musique* [1].

» Non content de perfectionner ou plutôt de créer le piano en France, Erard s'est montré encore parmi nous le créateur en quelque sorte d'un autre instrument, moins connu, moins en usage, mais qui est cependant supérieur au premier sous bien des rapports. C'est la *harpe*, ce noble et suave instrument bien ancien, puisque nous le trouvons entre les mains du saint roi David. Mais il y a loin sans doute de la harpe antique, sur laquelle le roi-prophète chantait les louanges du Seigneur, à ces belles *harpes à double mouvement* que sut inventer le génie d'Erard. C'est lui surtout qui, par un jeu de pédales et de leviers savamment combiné, a donné à cet instrument, trop peu répandu aujourd'hui en France, ses vibrations harmonieuses, son charme mélancolique et ses angéliques accords. Détrônée par le piano, la harpe, comme une reine délaissée, est presque abandonnée de nos jours. Mais la

---

[1] Grétry, *Essais sur la musique.*

gloire d'Erard n'a nullement à souffrir de cet abandon. Le succès de sa harpe à *double mouvement* a été surtout immense à Londres, où il avait fondé un établissement qui demeura long-temps florissant.

» Enfin le grand piano d'Erard, dit *à double échappement*, le dernier et le plus beau de ses ouvrages, mit le sceau à sa réputation. A chaque exposition des produits de l'industrie nationale, ce grand artisan avait obtenu la médaille d'or. Il fut le premier fabricant d'instruments de musique décoré de l'ordre de la Légion d'honneur. Dans les dernières années de sa vie, Sébastien Erard avait fabriqué pour la chapelle des Tuileries un grand orgue expressif, dont les nombreux amateurs qui l'avaient entendu dans ses salons purent apprécier la suavité et la majesté. Des ouvriers étaient occupés à mettre en place ce bel instrument, lorsqu'éclata la révolution de 1830. L'orgue fut impitoyablement brisé par la populace ignorante, qui avait envahi la somptueuse demeure des rois. Cet acte de vandalisme fut pour Erard le sujet d'une douleur profonde. Sa santé déjà chancelante ne put résister à cette catastrophe. Il mourut l'année suivante, le 5 août 1831, dans sa jolie maison de campagne de la Muette, près de Paris, dont son goût éclairé avait fait une sorte d'asile des arts ; il était agé de 80 ans.

» Occupons-nous maintenant de ce serrurier-mécanicien dont je vous ai parlé en commen-çant cet entretien.

» *Michel Brézin* était un enfant de Paris ; il naquit en 1758, et ne dut sa fortune qu'aux heureuses dispositions dont la Providence l'avait doué. L'éducation fit en effet bien peu pour lui. Son père, serrurier-mécanicien, brave artisan d'ailleurs, avait fait son chemin dans sa profession, sans savoir ni lire ni écrire. Peu soucieux de faire un savant de son fils, il se borna donc à l'envoyer à une école gratuite de dessin et à l'initier de bonne heure à tous les secrets de son art. A neuf ans, le jeune Michel remplissait déjà sa journée dans l'atelier paternel, comme l'ouvrier le plus assidu : il montrait dès lors une aptitude singulière.

» A dix-huit ans, il entreprit son tour de France. Après plusieurs pérégrinations, il vint à Bordeaux, où un oncle maternel, menuisier-ébéniste, ouvrier d'un talent distingué, le reçut avec grande bonté. Les belles qualités de Brézin, sa rare intelligence et son activité au travail lui concilièrent bientôt l'estime et l'affection de ce parent, qui, par la protection d'un haut personnage, le fit nommer mécanicien de la monnaie de Bordeaux. Le jeune Brézin travaillait en même temps pour les particuliers, et fabriquait pour le commerce de la place de Bordeaux des pièces mécaniques que jusqu'alors on avait été contraint de demander à la capitale.

» Rappelé à Paris par son père, à qui une honnête aisance, fruit de ses labeurs, permettait de se retirer des affaires, Michel revint dans la grande cité, et succéda d'abord au vieux Brézin dans la place de mécanicien en chef de la monnaie. Mais il exerça peu de temps ses nouvelles fonctions : son imagination ardente et féconde ne put s'accommoder des obstacles que la routine opposait à ses idées de perfectionnement des machines destinées à la fabrication des monnaies d'or et d'argent : il donna donc sa démission.

» Vint l'époque de la révolution, qui ouvrit à notre serrurier-mécanicien une autre carrière. Il imagina de se faire *fondeur de canons*. Le moment était favorable, c'était le temps où la France, menacée par de puissantes invasions, avait surtout besoin de ces armes redoutables. Deux établissements, créés par l'activité de Brézin, acquirent bientôt un tel renom, que le gouvernement lui confia la direction de la fonderie de l'arsenal. Brézin, aussi habile fondeur qu'il s'était montré mécanicien expérimenté, défendit son pays à sa manière. De ses fonderies sortaient la plupart des canons qui allaient foudroyer les Autrichiens, les Prussiens et les Russes. Brézin était parvenu à forer des canons sur bateaux placés devant l'un des quais de Paris. Il effectuait cette opération au moyen d'un mécanisme très-ingénieux, mis en mouvement par le courant de l'eau. Plus tard, l'industrieux mécanicien perfectionna encore son invention, en appliquant le même procédé au forage et au ciselage extérieur des pièces.

» Pendant les longues guerres de l'empire, Brézin travailla constamment pour la défense de son pays, dans la formidable et pourtant utile industrie qu'il avait embrassée. En 1815, le retour de la paix vint terminer sa carrière industrielle. Il se retira alors des affaires : il avait acquis une immense fortune, due autant à son travail qu'aux circonstances. Mais ce qui est bien plus digne de fixer notre admiration, c'est le noble et généreux emploi qu'il fit de cette fortune. Il voulut en disposer, suivant les termes de son testament, en faveur des ouvriers *qui l'avaient aidé à la gagner.* Veuf et sans enfants, il consacra donc à sa mort, arrivée en 1828, un capital de près de *cinq millions* à la fondation d'un hospice destiné à recevoir trois cents vieillards de soixante ans d'âge, ayant exercé quelqu'une des professions se rattachant plus ou moins directement à celle qui l'avait enrichi lui-même. D'après la volonté expresse de Brézin, cet asile de la vieillese est appelé l'*Hospice de la reconnaissance*. Il est établi dans la maison de campagne du fondateur, dite le *Petit-l'Etang*, dans la commune de Garches, près Versailles. C'est donc là, dans une campagne délicieuse, où tous les besoins de la vie sont prévus, que par ses soins l'administration des hospices, interprète fidèle des volontés du fondateur, trois cents pauvres vieillards, après de rudes fatigues, viennent se reposer de leurs travaux, et attendre dans les douceurs d'une paisible existence, le terme d'une honorable et laborieuse carrière.

» On aime à rencontrer de pareils faits dans les annales de l'industrie française : ils reposent l'âme et lui font du bien, en lui montrant le beau côté de l'homme. Un simple ouvrier, enrichi par ses sueurs, qui devient l'émule de Louis xiv, et fonde les *Invalides des travailleurs*, comme le grand roi avait fondé les *Invalides des soldats!*... Il y a là certainement un spectacle digne d'arrêter nos regards, et dont le souvenir doit rester dans notre esprit.... Je ne veux pas vous en distraire en ce moment. Nous terminerons donc là notre entretien de ce soir : peut-être a-t-il été un peu court... mais ce n'est point un mal, vous n'en retiendrez que mieux les belles choses dont nous avons parlé. »

ONZIEME SOIREE.

« François Richard, dit plus tard *Richard Lenoir,* naquit en 1765 dans le petit village de Trétat (Calvados). C'était le fils d'un pauvre paysan normand. Le jeune Richard, tout en aidant ses parents aux soins de la ferme, donnait déjà l'essor à sa vive imagination ; dans ses petits projets, dans ses jeux enfantins, il laissait entrevoir le germe de son génie spéculatif. A douze ans, il se livrait à l'éducation et au commerce des pigeons. Son colombier, portant ombrage au seigneur du lieu, il fut forcé de le vendre. Une somme de quarante-deux francs qu'il en retira parut une fortune pour le petit villageois. Il en acheta, entre autres choses, des souliers ferrés, qui, parmi ses compagnons tous chaussés de gros sabots, le firent regarder comme un jeune élégant.

» A l'industrie des pigeons succéda celle des chiens de race. Ce nouveau négoce lui réussit également. A peine âgé de treize ans, il avait acquis assez d'instruction pour qu'on lui donnât à tenir le registre du marché aux bestiaux de Villers-le-Bocage, petite ville voisine de son hameau natal.

» A dix-sept ans, François Richard entra en qualité de commis chez un marchand de Rouen ; il vint ensuite à Paris, où son aptitude pour les affaires le fit réussir d'une manière extraordinaire. Il s'associa à M. Lenoir et fonda avec lui une manufacture pour les tissus de coton, dans le dessein d'affranchir la France.

» Un Anglais, dont il fit la rencontre et qu'il paya généreusement, lui fabriqua en moins de trois mois vingt-deux métiers complets, dans le genre de ces machines à filer connues en Angleterre sous le nom de *métiers à la Jeannette*. Les machines faites, il fallait les placer : les deux associés louèrent un superbe hôtel dans l'un des plus beaux quartiers de Paris [1] ; l'ancienne demeure du luxe et de l'opulence fut transformée tout-à-coup en un immense atelier de pauvres ouvriers.

» Les produits de la fabrique *Richard-Lenoir*, égaux par leur beauté aux marchandises anglaises, prirent faveur et s'enlevèrent rapidement. Ce premier local, quoique très-vaste, ne

[1] Dans la rue de Thorigny.

suffisant plus , on transporta bientôt tous les métiers et les *Jenny* , dans un vieux monastère abandonné du faubourg Saint-Antoine. C'est là que Bonaparte , premier consul, vint visiter le célèbre fabricant et encourager ses généreux efforts. De ce moment la manufacture *Richard-Lenoir* prit une importance colossale. Les deux associés, toujours actifs, intelligents et pleins de probité , élevèrent au plus haut degré la réputation de leur maison.

» Richard, animé d'une ardeur infatigable , voulut faire participer les provinces aux avantages de ces utiles établissements. Il monta successivement trois cents métiers dans différents villages de la Picardie, quarante dans la ville d'Alençon, et cent dans l'abbaye de Saint-Martin, près de Luzarches , qu'il acheta au moment où ce vieil édifice allait tomber sous le marteau destructeur. Sa province natale ne fut pas oubliée. L'habile industriel fit l'acquisition de l'ancienne abbaye d'Aulnay , dans le Calvados , et y fonda un nouvel établissement qui donna du pain à six cents ouvriers. Sa charité éclairée ouvrait en même temps un asile aux jeunes orphelins. Il admettait ces pauvres enfants dans sa fabrique de Séez , où non content de veiller à ce qu'on leur inspirât l'amour du travail, il voulait encore qu'ils reçussent une instruction religieuse et des leçons de lecture, d'écriture, de calcul et de musique. Ennemi des cabarets, où tant d'ouvriers consument souvent le gain de leurs journées, il s'efforçait de retenir les siens dans les manufactures par d'honnêtes distractions; et dans ce but, il avait fait établir, dit-on, dans chacune d'elles un billard, qui, les jours de repos, était mis à leur disposition.

» Plus de dix années s'écoulèrent ainsi, durant lesquelles Richard et Lenoir marchèrent dans une voie de prospérité toujours croissante. Un évènement cruel et inattendu vint, en 1806, rompre le lien de cette association merveilleuse : c'est la mort prématurée de Lenoir-Dufresne, l'un des deux associés. Ce fut là comme le présage d'un prochain revirement dans les affaires de l'industriel normand. Quand Lenoir, à l'esprit plus calme, ne fut plus là pour tempérer la fougue de son trop ardent associé, Richard donna l'essor a ses vues gigantesques. Il fonda deux nouvelles filatures à Caen et à Laigle; il établit en même temps une fabrique d'impression à Chantilly. Puis, non content d'avoir créé l'industrie cotonnière, il voulut encore, dans son active ambition, se livrer lui-même à la culture du cotonnier. Le sol si fertile du royaume de Naples, qui, à cette époque, grace à nos victoires, était comme une annexe du grand empire français, fut choisi par Richard pour cet usage. Il fit transporter et cultiver une quantité suffisante de graines à Castellamare, où elles réussirent parfaitement. Un an après, vingt milliers pesant de coton brut entraient en France par ses soins. C'était le produit de sa première récolte.

» Avec ses six filatures sans cesse en mouvement, Richard fut dès lors à la tête du commerce français dans ce genre d'industrie. Mais sa trop confiante témérité allait enfin lui devenir fatale. La réunion de la Hollande à la France, en 1810, ayant jeté dans la circulation une immense quantité de marchandises, Richard se vit hors d'état de vendre les siennes. Heureux alors si, écoutant les sages conseils de ses amis, il eût su contenir les bornes de son ambition ! Mais il n'en fut point ainsi. En vain l'engageait-on à se défaire de quelques-uns de ses établissements ; vainement lui conseillait-on de se retirer même du commerce, et de songer désormais à ses intérêts et à son repos, après avoir tant travaillé pour sa réputation et pour la France. Richard n'écouta rien : il était lancé ; comme tant d'autres, il ne sut point s'arrêter au moment opportun.

» Ses affaires empiraient de jour en jour. Il ne

pouvait vendre ses marchandises, ni emprunter
sur leur valeur. Richard, dans cette situation
pénible, eut recours à l'empereur, qui avait pour
lui la plus haute estime, et qui déjà l'avait décoré
de sa propre main de la croix de la Légion d'honneur. Napoléon vint à son aide tout aussitôt. Un
prêt de quinze cent mille francs permit au commerçant de satisfaire aux exigences du moment :
mais la double cause du mal n'en subsista pas
moins : l'énormité du prix de revient des marchandises et la difficulté de les vendre. Les maga-
sins du manufacturier, remplis d'une quantité
prodigieuse de coton, ne se vidaient point. Sa
ruine paraissait de plus en plus imminente.

» Il voulut cependant continuer de marcher,
moins encore pour soutenir sa réputation commerciale que pour ne pas voir sur le pavé et dans
la misère les vingt mille ouvriers qu'il occupait :
mais il ne put tenir long-temps. Ses ressources
étant épuisées, il se retira enfin de la lutte, sans
fortune, mais toujours estimé, honoré. Le souvenir de ses bienfaits envers son pays et envers
la classe ouvrière dut adoucir singulièrement la
tristesse de ses derniers jours. Ces mêmes ouvriers, dont il avait été le protecteur et le père,
versèrent des pleurs à sa mort (1839). Son convoi
fut populaire et grand, comme celui d'un prince,

d'un bienfaiteur de son pays. Après tout, une réputation honorable et le souvenir de bienfaits rendus ne valent-ils pas bien une fortune ? Ne sont-ce pas même là les meilleurs héritages qu'on puisse léguer à ses descendants ?

» Au nombre des artisans illustres de ces derniers temps, nous devrions citer ici *Aloys Senefelder*, le célèbre inventeur de la *lithographie*. Mais je vous ai déjà fait connaître dans d'autres entretiens cette belle invention, qui a si singulièrement multiplié et agrandi le domaine des arts. Vous n'avez point oublié sans doute ce que j'ai dit alors de ce procédé ingénieux par lequel on obtient sur du papier, au moyen de la presse, l'empreinte de ce qui a été dessiné ou écrit, sur une pierre d'une espèce particulière, avec un crayon ou une encre d'une certaine composition [1]. Nous ne rappellerons donc ici que pour mémoire le nom de cet habile artisan, si digne de figurer dans les annales des arts utiles.... Mais puisque nous parlons des arts, il me prend envie de vous parler d'une des merveilles de l'art musical que j'ai eu le plaisir, non pas de voir, mais d'entendre. Il y a bien de cela quelque quinzaine d'années ; et pourtant ce souvenir est encore tout présent à ma pensée, et mon oreille

---

[1] *Les Découvertes les plus utiles, etc.*, huitième soirée.

croit entendre encore ces sons presque divins qui l'ont frappée une fois. Il s'agit d'un orgue et du grand artisan qui l'a fabriqué. Cet artisan, dont le nom vous est sans doute tout-à-fait inconnu s'appelait *Aloyse Mooser*. Disons un mot de lui et de son chef-d'œuvre.

» Dans ce beau pays de la Suisse, dont tant de voyageurs vont admirer chaque année les lacs enchanteurs et les superbes montagnes, il est une ville qui ne manque jamais d'arrêter leurs pas. C'est Fribourg, cette ville a une église de *Saint-Nicolas*, dominée par une haute tour qui est une merveille de l'art ; dans cette église enfin se trouve une autre merveille : c'est un orgue, le plus grand, le plus beau probablement qui soit au monde entier. Je trouve son histoire dans un livre des *Pèlerinages de Suisse*, que j'ai relu plusieurs fois, et que j'ai là sous la main. Empruntons-lui cette page. Vous me saurez gré, j'en suis sûr, quand vous aurez ouï ce gracieux et pittoresque récit :

» Fribourg vit naître, il y a quelques années avec soixante ans, d'une bonne et honnête famille allemande, un garçon qui, dès qu'il put parler, voulut à toute force faire des orgues, tant il prenait plaisir à les entendre durant les offices du dimanche, et trouvait doux de prier pendant que l'instrument sacré chantait dans les cieux. On le laissa suivre son goût ; il se mit à courir le monde, étudiant et travaillant. Lorsqu'il eut à ce métier gagné de la réputation, de la science, quelque fortune et des cheveux blancs, Aloyse Mooser revint dans sa patrie. Les bonnes gens qui vont à la messe, et il n'en manque pas, y étaient fort tristes. Le tonnerre, en tombant sur l'église, avait détruit l'orgue de Saint-Nicolas, celui-là justement, que notre bon vieil artiste avait entendu dans son enfance et qui lui avait révélé sa vocation. Seul, Aloyse Mooser n'en témoigna pas grand chagrin. Il avait son projet bien ancien et bien chèrement caressé. Il proposa moyennant un peu d'aide, de faire, pour terminer sa carrière, un orgue tel que jamais prince, archevêque, cardinal ou roi n'en donna de pareil à sa paroisse. La proposition acceptée, il se mit à l'œuvre avec ce dévouement d'artiste chrétien dont quelques restes sont encore épars en Allemagne, mais ne se trouvent guère plus que là ; demandant à Dieu pour unique grace de ne pas le faire mourir avant qu'il eût achevé et que l'œuvre arrivât à bonne fin. Il fut exaucé. Je m'entends trop peu au métier de facteur d'orgue pour détailler techniquement les mérites de celui-ci. Il a je ne sais combien de registres, c'est une forêt de tuyaux grands et petits, dans laquelle on peut se promener et se perdre. De ces tuyaux sortent tous les sons et toutes les harmonies que rêve l'oreille humaine, depuis le sifflottement du galoubet champêtre jusqu'à des mugissements d'orage et de tonnerre qui font trembler les vitraux, depuis la flûte de Tulou jusqu'aux chœurs de l'opéra. Du temps que les contes fantastiques étaient à la mode, et qu'Hoffmann régnait sur la menue littérature, quelqu'un imagina l'histoire d'un luthier qui avait enfermé l'âme de sa grand'mère dans un violon, et c'était bien le roi des violons, bien supérieur à ceux de Stradivarius; cette pauvre âme, qui voulait sortir, se plaignait merveilleusement sous l'archet; mais Mooser aurait mis à ce compte dans son orgue toutes les âmes de sa famille depuis quatre générations, car je ne sais combien d'âmes y chantent, combien de voix s'y font entendre, les unes très-loin, comme un groupe de pèlerins qui passent au fond d'un bois, répétant des hymnes dont la tempête emporte la moitié, les autres si près qu'on croit distinguer la parole et les soupirs; tellement que, lorsqu'on monte à l'orgue après cela, on s'étonne de n'y voir qu'un gros Allemand, assis devant son clavier. Voilà un beau rêve d'artiste, un noble ouvrage, une grande joie pour celui qui l'a fait. Mais, pour tirer tout le parti possible de ce bel instrument, il faudrait maintenant que Pergolèse et Allégri revinssent écrire exprès une musique digne d'eux et de lui [1].

» Voilà, mes amis, ce qu'est l'orgue de Saint-Nicolas de Fribourg. L'illustre Mooser est mort en 1839, après avoir doté sa patrie de ce beau monument qui suffit à sa gloire. On avait voulu l'attirer en France; mais il préféra rester dans son pays, où jusqu'à ses derniers jours il remplit l'emploi d'organiste. Moyennant un faible salaire, il jouait volontiers, aux jours ordinaires, pour le simple plaisir des voyageurs. Il m'est arrivé d'être une fois du nombre, et ce souvenir vit encore dans mon esprit... Mais il est tard : la nuit vient, il faut bientôt nous séparer. Et pourtant j'aurais voulu prolonger encore ce sujet d'entretien. L'orgue, ce roi des instruments, cet orchestre sans rival de nos vieilles cathédrales, joue un si grand rôle dans nos solennités religieuses, qu'il mériterait de fixer plus long-temps notre attention. Que d'artistes ou d'artisans, dans notre époque surtout, se sont illustrés par leurs travaux et leurs perfectionnements dans cette branche si noble, si utile de l'industrie ! Mais

[1] Louis Veuillot, *les Pèlerinages de Suisse.*

on connaît peu leur histoire, et le temps nous manque pour de longs détails sur ce beau chapitre. Rappelons du moins quelques-uns des noms les plus célèbres. Et d'abord, citons cette famille *Cavaillé*, qui depuis plus d'un siècle et demi est en possession d'une grande renommée dans l'art de facteur d'orgue. Déjà, l'an 1700, nous voyons deux religieux dominicains de ce nom, frère Isnard et frère Joseph, restaurer merveilleusement l'orgue de l'église de *Saint-Pierre* de Toulouse. De nombreuses églises du midi de la France ou de l'Espagne ont été enrichis de belles orgues par d'habiles artisans de la même famille. On cite entre autres les églises de *Sainte-Cathérine* et de *la Merci* à Barcelone. Les *Cavaillé-Coll*, si célèbres de nos jours, sont les derniers descendants de Jean-Pierre Cavaillé, qui, lors de nos orages révolutionnaires, était allé chercher un asile en Espagne. On leur doit, entre autres chefs-d'œuvre, le magnifique buffet d'orgues, qui est aujourd'hui l'un des beaux ornements de la vieille basilique de Saint-Denis, près Paris. Plusieurs églises de Bretagne ont aussi des orgues de leur façon [1]. Les Cavaillé-Coll se sont attachés à introduire dans les procédés qu'ils emploient diverses machines de leur invention,

---

[1] A Lorient, à Pontivy, à Saint-Sauveur de Dinan.

ayant pour effet de simplifier et accélérer leurs travaux tout en leur donnant plus d'exactitude. Ils sont inventeurs du *poïkilorgue,* ou orgue varié expressif, et du *piano-poïkilorgue.*

» On cite encore dans le dix-huitième siècle, un moine bénédictin, *Bedos de Celles,* homme aussi savant, dit-on, qu'il était grand artiste. Il entra dans son ordre à Toulouse, en 1726, construisit des orgues pour plusieurs églises, et mérita une telle renommée, qu'il fut nommé membre de l'Académie des sciences de Bordeaux. Entre plusieurs ouvrages qu'il a écrits, on trouve *l'art du facteur d'orgues,* contenant cent trente-sept gravures magnifiques. On chercherait vainement pour aucun autre instrument un traité aussi complet que l'est celui-ci, dit-on. — L'abbé Vogler, de Wurtzbourg, en Bavière, fut aussi un célèbre organiste et constructeur d'orgues, à la fin du dix-huitième siècle. Il a inventé un système ingénieux de simplification, au moyen duquel on épargne deux tiers des frais, et qui produit des effets inconnus jusqu'alors. — Le Saxon Godefroy Silbermann mérite encore une des premières places parmi les facteurs d'orgue du dix-huitième siècle. De 1708 à 1753, il a construit, dit-on, quarante-sept orgues remarquables, dont le premier est dans l'église de Frauenstein, sa ville natale, et le dernier dans l'église catholique de Dresde. — L'abbé Cabias, inventeur de l'orgue à *manivelle*, qui joue tout seul, tourné comme une serinette par un enfant, a bien quelque droit aussi à la reconnaissance des amis de l'art.... Que d'autres noms encore ne pourrais-je pas citer après tous ceux-là !... Mais décidément il faut en finir. Voici la nuit presque close. Mais la lune commence à paraître : à sa douce clarté, vous pourrez facilement regagner vos demeures. A demain donc, mes amis. Hélas ! je dois vous en prévenir, ce sera probablement notre dernier entretien.

» La villageoise assemblée se sépara alors, contente de ce qu'elle avait appris dans cette soirée, mais en retour un peu triste des derniers mots qu'elle venait d'entendre. »

DOUZIEME SOIRÉE.

« Voici donc, mes amis, notre dernier entretien de cette année. Que dirons-nous ce soir pour clôre dignement ces simples mais utiles leçons, dont vous pouvez retirer tant de fruits? Je voudrais, en finissant, trouver quelque moyen d'inspirer à chacun de vous une grande estime pour son humble profession. Vous venez de voir, par tous les exemples que j'ai mis sous vos yeux, comment il est possible à l'artisan, quel qu'il soit, d'ennoblir, d'agrandir une profession qu'il est trop souvent tenté de dédaigner, parce qu'il en méconnaît le prix et la haute valeur. Dans notre premier entretien, je vous ai d'abord montré, par l'exemple de quelques saints artisans, comment on pouvait, dans la plus modeste condition, acquérir une grande sainteté, et mériter cette belle couronne qui est après tout la plus digne d'envie, la seule même qui puisse combler entièrement les désirs d'un cœur noble et généreux... Voulez-vous cependant encore de la fortune, de la renommée, de la gloire?... Vous avez vu que tous ces biens, si désirés, quoique pourtant si fragiles, ont été également le prix des labeurs de pauvres et simples artisans. Si beaucoup d'entre eux n'en ont pas mieux joui, c'est par leur faute le plus souvent, comme, par exemple, ce grand commerçant dont nous parlions hier, que son intelligence et son activité infatigables avaient tant enrichi, mais qu'un défaut de prudence et une trop vaste ambition finirent par ruiner presque complètement... Mais, direz-vous peut-être maintenant, tout cela est vrai : notre humble condition a bien quelques avantages. Une chose lui manque cependant : elle est *trop dépendante*. Nous ne nous appartenons plus. Nous ne sommes pas *maîtres*, il faut toujours *obéir* aux autres, et jamais leur *commander*... — Oh! mes amis, c'est une erreur; détrompez-vous. Ici encore la condition de l'artisan est bien meilleure que vous ne croyez.

» Jugez maintenant si je dois estimer ces laboureurs intelligents, dont l'esprit juste et observateur parvient à découvrir et à créer quelque utile instrument de travail, destiné à diminuer la fatigue et les sueurs de l'homme des champs! Et ceci m'amène tout naturellement à vous parler de *Claude Grangé*, ce valet de ferme des Vosges,

dont vous connaissez déjà l'ingénieuse invention[1].
Revenons à lui dans ce moment : nous ne pouvons mieux terminer nos entretiens qu'en disant
quelques mots de son histoire.

» Claude Grangé, qui vit sans doute encore, est
né vers l'an 1805, à Monthureux-sur-Saône,
dans les Vosges. C'était le fils d'un de ces soldats
laboureurs, qui, après avoir vaillamment servi
leur pays et laissé une partie de leurs membres
sur le champ de bataille, reprirent la charrue,
et recommencèrent gaiement leur premier métier. Le père de Claude exploitait une ferme. Il
mourut en 1823, laissant sa veuve malade, et
son fils aîné, celui dont nous parlons, trop jeune
pour diriger les travaux de la ferme. Claude, à
peine âgé de dix-huit ans, dut quitter le manoir
paternel; il se fit garçon de ferme dans le voisinage.

» Le jeune homme labourait donc la terre,
supportant sans se plaindre les fatigues de son
état. Dépourvu d'instruction, mais non point
certes de jugement, notre garçon de labour fut
cependant pris d'une idée. « Cette charrue que je
conduis, se dit-il, se meut péniblement; il faut
toute ma force pour la faire marcher; c'est une
fatigue de chaque instant. N'y aurait-il donc pas

---

[1] *Les Découvertes les plus utiles, etc.*, première soirée.

un moyen de la diminuer, cette fatigue? Ne pourrais-je pas, moi laboureur, arriver à marcher près de ma charrue tranquillement, sans souci et les bras croisés, comme je marche près de ma charrette? »

» Dominé par ces pensées, Claude Grangé cherche long-temps par quel moyen cela pourrait se faire : enfin il trouve ce problème; il invente une nouvelle charrue dans laquelle, par une heureuse combinaison de leviers, une grande partie de la force de traction qui s'exerçait sur le devant, est reportée sur le corps même de la machine. Cette charrue, d'une construction fort simple d'ailleurs, qui creuse d'elle-même son sillon, offre ainsi le double avantage d'exiger une force motrice fort peu considérable, et de pouvoir être gouvernée par le laboureur le moins exercé ou même par un enfant. La *charrue Grangé* semble marcher toute seule. Aussi, grand fut l'étonnement des bons paysans des Vosges, quand ils furent témoins de cette merveille. Et certes, il y avait bien lieu de crier au prodige. Un pauvre valet de ferme, qui savait tout au plus lire et écrire, venait d'accomplir à lui seul ce que les mécaniciens les plus savants et les plus habiles n'avaient pu faire jusqu'alors.

» C'est l'an 1833 que Claude Grangé mit au

jour son ingénieuse invention. Bientôt il ne fut bruit que de la nouvelle charrue, chacun voulut la voir... Les académies, les savants s'en occupèrent. Bref, les honneurs, les récompenses vinrent de toutes parts trouver l'humble villageois, qu'on pourrait appeler le *Jacquard des laboureurs.* En 1834, la croix d'honneur fut attachée sur la blouse du garçon de ferme. Puis l'Académie des sciences accorda à Grangé une médaille d'or de la valeur de neuf cents francs; enfin la société d'émulation des Vosges lui donna aussi des médailles et lui décerna une couronne.

» Claude Grangé a donc bien mérité du pays et de l'agriculture, par la découverte de cet instrument, qui, beaucoup moins pesant sur les bras du laboureur et sur le collier des bœufs ou des chevaux, ne sort plus du sillon à chaque choc d'une pierre, et se maintient de lui-même et sans effort à égale profondeur. Mais ce qui rehausse encore le mérite et la gloire de l'inventeur, c'est la modestie et le noble désintéressement avec lequel il abandonna son invention au public. Quand on l'engageait à prendre un brevet, en profitant du bénéfice de la loi. « Non, répondait-il, je le pourrais sans doute : retarder, en vue de son seul intérêt propre, l'application d'une chose utile, cela est autorisé par la loi;

mais il est bien plus généreux d'en faire jouir de suite tout le monde. »

» De tels exemples sont rares dans notre siècle d'égoïsme et de cupidité : ils n'en sont que plus méritoires et dignes d'éloges... Claude Grangé, loin de chercher à s'enrichir comme tant d'autres, est donc retourné à son labour, à Monthureux-sur-Saône, son pays natal, comme jadis le romain Cincinnatus, après avoir vaillamment servi sa patrie retournait tranquillement à sa charrue....

» Nous en resterons là, mes amis, dit ici M. de Kervenant. Que cet exemple et tous les autres qui ont passé sous nos yeux, durant le cours de ces entretiens, ne soient pas perdus pour vous. Profitez tous des enseignements et des utiles leçons que je viens de vous donner. Mais, je le redis encore, et ne cesserai de le répéter, à la vue de toutes ces merveilles que façonne, qu'invente l'industrie humaine, au souvenir de tous ces artisans célèbres dont je vous ai parlé, que votre esprit, que votre cœur ne s'enorgueillisse point. Le génie de l'homme, si grand qu'il soit, sera toujours dans ce bas monde bien faible et bien borné. Ah ! sans doute, il crée des merveilles ; mais dites-lui de créer un grain de sable, une fourmi, ou la plus petite fleur : les plus grands mécaniciens, les plus illustres savants n'y parviendront jamais dans tout ce qui frappe et ravit vos regards, souvenez-vous donc toujours, mes amis, de chanter un hymne d'admiration et d'amour à Dieu, le premier auteur de toutes ces merveilles. Que sont-elles après tout, encore une fois, sinon un rayonnement de son intelligence et de sa gloire ? »

Nos bons villageois, se rapprochant de leur digne mentor, lui témoignèrent tous leur vive gratitude. Puis ils se retirèrent, chacun chez eux, emportant, comme le bouquet de leurs aimables réunions, les bonnes paroles qu'ils venaient d'entendre et qu'ils se promettaient bien de conserver toujours dans leur cœur.

FIN.

TABLE

HUITIÈME SOIRÉE.

NEUVIÈME SOIRÉE.

DIXIÈME SOIRÉE.

ONZIÈME SOIRÉE.

DOUZIÈME SOIRÉE.

FIN DE LA TABLE.

— Lille. Typ. L. Lefort, 1855. —